PARA ONDE VAI O ENSINO DE GEOGRAFIA?

COLEÇÃO
REPENSANDO O ENSINO

| R | E | P | E | N | S | A | N | D | O |

REPENSANDO O ENSINO

| R | E | P | E | N | S | A | N | D | O |

PARA ONDE VAI O ENSINO DE GEOGRAFIA?

Ariovaldo Umbelino de Oliveira (org.)
Jean-Michel Brabant
José William Vesentini
Vânia Rubia Faria Vlach
Douglas Santos
Marcos Bernardino de Carvalho
Antonio Carlos Robert Moraes
Germán Wettstein

Copyright© 1988 dos Autores
Todos os direitos desta edição reservados à
Editora Contexto (Editora Pinsky Ltda.)

Coleção
Repensando o ensino

Projeto gráfico e de capa
Sylvio de Ulhoa Cintra Filho

Ilustração de capa
"Observaciones Astronomicas y Physycas" de Jorge Juan J. A. de Ulhoa, 1748. Retirado do livro Las Nuevas Geografias, Aula Abierta Salvar

Composição
Veredas Editorial/Texto & Arte Serviços Editoriais

Dados Internacionais de Catalogação na Publicação (CIP)
(Câmara Brasileira do Livro, SP, Brasil)

Oliveira, Ariovaldo Umbelino de.
Para onde vai o ensino de geografia? / Ariovaldo Umbelino de Oliveira (org.). – 10. ed., 1ª reimpressão. – São Paulo : Contexto, 2024. (Repensando o Ensino).

Vários autores
ISBN 978-85-85134-32-7

1. Educação – Filosofia. 2. Geografia – Estudo e ensino.
3. Geografia – Estudo e ensino – Brasil. 4. Geografia – Filosofia.
I. Oliveira, Ariovaldo Umbelino de, 1947-. II. Série

88-2120   CDD-910.07
-370.1
-910.01
-910.07081

Índices para catálogo sistemático:
1. Brasil: Geografia: Ensino 910.07081
2. Filosofia da Educação 370.1
3. Geografia: Ensino 910.07
4. Geografia: Filosofia 910.01

2024

EDITORA CONTEXTO
Diretor editorial: *Jaime Pinsky*

Rua Dr. José Elias, 520 – Alto da Lapa
05083-030 – São Paulo – SP
PABX: (11) 3832 5838
contato@editoracontexto.com.br
www.editoracontexto.com.br

Proibida a reprodução total ou parcial.
Os infratores serão processados na forma da lei.

A
Pasquale Petrone, mestre de todos nós.

E a
José Marinho de Gusmão Pinto,
professor que nos ensina a ensinar Geografia.

"O educador cotidiano que recebeu na Universidade uma formação acrítica, não criativa e, não raro, imbecilizante, é conduzido vida afora, dentro dos inúmeros compartimentos da desigualdade acadêmica no Brasil, a *REPETIR*, ano após ano, aquilo que aprendeu e aquilo que a máquina do sistema sobre a educação almeja que o educador faça: *reproduzir sem pensar, aceitar sem discutir, trabalhar sem questionar e educar sem criar*. De algum modo ele acaba sendo mais escravo do que o velho pedagogo das estatuetas gregas e mais desgraçado do que o mestre-escola da instrução mecânica."

(Carlos Rodrigues Brandão)

SUMÁRIO

Os Autores no Contexto 9
Apresentação 11

CRISE DA GEOGRAFIA, DA ESCOLA E DA SOCIEDADE

Crise da Geografia, Crise da Escola 15
Jean-Michel Brabant

Situação e Tendências da Geografia 24
Ariovaldo Umbelino de Oliveira

Geografia Crítica e Ensino 30
José William Vesentini

Ideologia do Nacionalismo Patriótico 39
Vânia Rubia Farias Vlach

OS NOVOS RUMOS

Estado Nacional e Capital Monopolista 47
Douglas Santos

A Natureza na Geografia do Ensino Médio 81
Marcos Bernardino de Carvalho

Ensino da Geografia e Luta de Classes 109
José William Vesentini

Renovação da Geografia e Filosofia da Educação 118
Antonio Carlos Robert Moraes

O Que se Deveria Ensinar Hoje em Geografia 125
Germán Wettstein

Educação e Ensino de Geografia na Realidade Brasileira 135
Ariovaldo Umbelino de Oliveira

OS AUTORES NO CONTEXTO

ARIOVALDO UMBELINO DE OLIVEIRA – Doutor em Geografia Humana e professor do Departamento de Geografia – FFLCH-USP. Autor dos livros: *Modo Capitalista de Produção e Agricultura* (Ática); *Amazônia* (Ática); *Amazônia: Monopólio, Expropriação e Conflitos* (Papirus); *Integrar para não Entregar – Políticas Públicas e Amazônia* (Papirus); e *A Geografia das Lutas no Campo* (Contexto).

JEAN-MICHEL BRABANT – geógrafo francês e membro do Conselho Editorial da revista *Hérodote*.

JOSÉ WILLIAM VESENTINI – Doutor em Geografia Humana e professor do Departamento de Geografia – FFLCH-USP. Autor dos livros: *A capital da Geopolítica* (Ática); *Imperialismo e Geopolítica Global* (Papirus); *Sociedade e Espaço: Geografia Geral e do Brasil* (2º grau – Ática); e *Brasil-Sociedade e Espaço: Geografia do Brasil* (2º Grau – Ática).

VÂNIA RUBIA FARIAS VLACH – Mestre em Geografia Humana pelo Departamento de Geografia – FFLCH-USP e professora do Departamento de Geografia da Universidade Federal de Uberlândia. Autora de trabalhos publicados nas revistas *Terra Livre*, *Boletim Paulista de Geografia*, *Educação e Filosofia*, *Cadernos de Geografia* etc.

DOUGLAS SANTOS – pós-graduando em Geografia Humana no Departamento de Geografia – FFLCH-USP e professor do Departamento de Geografia da Pontifícia Universidade Católica-PUC de São Paulo. Coautor do livro *Geografia – Ciência do Espaço* (2º grau – Atual).

MARCOS BERNARDINO DE CARVALHO – pós-graduando em Geografia Humana no Departamento de Geografia – FFLCH-USP e professor do Departamento de Geografia da Pontifícia Universidade Católica-PUC de São Paulo. Coautor do livro *Geografia – Ciência do Espaço* (2º grau – Atual).

ANTONIO CARLOS ROBERT MORAES – Mestre em Geografia Humana e professor do Departamento de Geografia – FFLCH-USP. Autor dos livros: *Geografia: Pequena História Crítica* (Hucitec); *Ideologias Geográficas* (Hucitec); e *A Valorização do Espaço* (Hucitec – em coautoria).

GERMÁN WETTSTEIN – geógrafo uruguaio-venezuelano, pesquisador do Instituto Ibero-americano de Direito Agrário e da Reforma Agrária da Universidade de Los Andes em Mérida, Venezuela.

APRESENTAÇÃO

A publicação deste livro tem que ser entendida no conjunto mais amplo das discussões acerca da geografia, do ensino e das crises que vêm atravessando/movendo a sociedade brasileira de nosso tempo. Como todos sabemos, o ensino de uma forma geral e especificamente o de geografia passa por profunda crise. O saber ensinado está longe de permitir aos jovens sequer entender o mundo, quanto mais transformá-lo.

Entretanto, temos que analisar este momento histórico no contexto maior, como uma etapa de desenvolvimento do modo capitalista de produção mundializado. É preciso submeter nossas concepções e posições teóricas à realidade dos dias de hoje, pois assim poderemos converter a utopia em realidade e construir a unidade na diversidade.

É preciso entender que o processo de conhecimento se dá de acordo com o processo de socialização pelo qual passam os indivíduos. Portanto, numa sociedade de classes a socialização se faz sob interesses antagônicos, opondo sempre uma ideologia dominante a outra dominada.

Desta forma, numa sociedade capitalista, a educação busca sempre inculcar valores que sirvam para afirmar a dominação burguesa, mesmo que sob os princípios da liberdade e da igualdade. Os diferentes ramos do saber comprometidos com essa perspectiva (da dominação) trouxeram para o ensino a prática de uma pedagogia da discriminação, da indiferença, enfim, uma pedagogia acrítica.

O que assistimos é um processo do qual também participamos, onde professores e alunos são unidades que se opõem e se distanciam, perdendo, o que é terrível, o elo principal da ação pedagógica (a relação professor/alunos) e o momento da produção do conhecimento, na sala de aula.

Paulo Freire de há muito chamou atenção para este desvio na educação, onde a "concepção bancária" não permite que nada de novo seja criado, ao contrário, só contribui para reforçar o *status quo*. De nada adianta, pois, inovar as técnicas de aprendizado, se a didática continua profundamente reacionária.

Assim, a criação de uma escola comprometida com a transformação da sociedade, ao contrário da ordem vigente, requer uma pedagogia que recrie os valores submersos em nossa ordem social, como objetivos explícitos de uma igualmente nova proposta educacional; uma nova proposta que permita fazer uma reformulação dos conceitos científicos, não mais na ótica da dominação, mas naquela que propõe uma história viva do homem e de sua criação.

Neste caminho, é que educador e educando devem estar relacionados e neste sentido, buscar uma *compreensão de si* e da *realidade* como algo concreto, que é criado e recriado no cotidiano. É, pois, necessário compreender que educar é um processo que engloba *objetivação* e *subjetivação*, como faces de uma mesma moeda. Nessa relação, professor e aluno representam polos dinâmicos que se completam, justamente pela sua *diversidade*. Só assim é possível uma *prática transformadora* em busca do novo; não de um novo abstrato que se coloca acima dos sujeitos, mas de um *novo* enquanto possibilidade do *vir a ser*.

Este livro foi pensado nesse contexto e reúne trabalhos que têm procurado trilhar essa concepção de educação e de mundo na geografia. Não são, necessariamente, trabalhos alinhados no sentido teórico e metodológico, mas trabalhos que representam uma parte do espectro de concepções que têm aparecido nos debates realizados nos encontros e congressos da Associação dos Geógrafos Brasileiros-AGB, e que culminaram, no ano de 1987, com a realização do *1º Encontro Nacional sobre o Ensino de Geografia* em Brasília, o famoso "Fala Professor".

Outras publicações têm surgido entre os geógrafos para resgatar a necessidade do debate sobre a geografia que se ensina: a revista *Orientação* é uma publicação voltada diretamente para o ensino; a revista *Terra Livre* nº 2 também dedicou a maior parte de suas páginas a textos sobre o ensino; cabe também lembrarmos o recente livro de

Ruy Moreira, *O discurso do avesso: para a crítica da geografia que se ensina*.

Gostaríamos, pois, que este livro fosse entendido como mais um a contribuir para este debate necessário sobre a geografia que ensinamos. Sua existência torna-se também importante, em função do momento histórico que estamos vivendo, quando a maioria das secretarias de educação de diferentes estados estão debatendo a necessidade de novas propostas curriculares de geografia.

Sobre esse debate, a chamada "grande imprensa" abriu manchetes de primeira página recentemente. Criticou sem permitir a defesa. Tentou levantar defuntos quando os próprios geógrafos os haviam enterrado. A geografia que procuravam defender, porém, desmoronou diante da realidade, ou melhor, não havia e não há o que ressuscitar dentro daquilo que a história está cuidando de sepultar. Defender a geografia dos livros didáticos é defender uma geografia sem futuro, uma geografia do passado, que a história dos debates dentro da geografia tem procurado superar. Desconhecer esta realidade é ter o "rabo preso" com o passado e com a dominação neste existente.

Aliás, muitos têm sido os absurdos que a geografia presente nos livros didáticos tem veiculado. Basta lembrarmos a afirmação – no mínimo ridícula –, feita pelos autores (sic) Arsênio e Geraldo no livro *Geografia das Paisagens* – 8ª série – página 96, publicado pela editora IBEP: "O cipó de Tarzan ainda é o meio de transporte aéreo no interior da selva (africana)...". (Rubens A. Santos – "Os absurdos que não estão no mapa" – jornal *Leia* – Ano IX – nº 104 – junho de 1987 – São Paulo – pág. 54).

É, pois, necessário abrir crítica radical à geografia que hoje se ensina, mas é fundamental abrir novos horizontes para onde se dirigir. Esta coletânea nasce também com este princípio, e neste sentido se alinha a outra coleção da Editora Contexto: *Repensando a Geografia*.

Ela reúne geógrafos que em diferentes cantos do mundo estão repensando a geografia que produzem e a geografia que ensinam. Aqui estão reunidos mestres e alunos: Vesentini, Antonio Carlos, Vânia, Douglas, Marcos, Jean-Michel e Germán. Um grupo de geógrafos inquietos e preocupados como o devir. Nós esperamos que a utopia abra lugar para a realidade e que estes textos sirvam de ferramentas para a reflexão de todos nós professores/alunos porque:

"Mestre não é quem sempre ensina, mas quem de repente aprende." (Guimarães Rosa).

Ariovaldo Umbelino de Oliveira

CRISE DA GEOGRAFIA, CRISE DA ESCOLA*

Jean-Michel Brabant

UMA SITUAÇÃO PARADOXAL

Na época da abertura da escola para o mundo contemporâneo, a geografia deveria ser uma das disciplinas melhor equipadas para despertar o interesse dos alunos. Não tem ela se apresentado sempre como ciência do concreto? Na verdade, a geografia, pretendendo falar do mundo atual, frequentemente descreve um outro, essencialmente agrário e já ultrapassado. A geografia escolar, apesar de uma predisposição aparente a tratar do mundo que nos rodeia, acabou se desenvolvendo no mesmo plano das outras disciplinas, um plano antes de tudo marcado pela abstração. Esta contradição é tão mais surpreendente na medida em que por mais longe que se remontar a história da instituição escolar contemporânea em geral e da geografia na escola em particular, encontra-se esta preocupação permanente da ligação privilegiada da geografia com o real. Já em 1822 podia-se ler: "tudo aquilo de que esta ciência se ocupa tem uma existência atual"[1]. O trabalho de ensinar, partindo desta constatação, devia pois se centralizar sobre a utilização do vivido no quadro do ensino:

"A vizinhança oferecerá provavelmente alguns pontos dignos de nota e próprios a suscitar lembranças interessantes, não importando a localidade habitada pela juventude que se quer iniciar neste gênero de estudo"[2].

---

* Trabalho traduzido de Hérodote – nº 2 – abril/junho de 1976 – pág. 94/102 – Paris – Maspero, por Raquel Maria Fontes do Amaral Pereira e revisado por Walter Carlos Costa e publicado na revista Geosul – nº 2 – Ano I – 2º semestre/1986 – Ed. UFSC – Florianópolis-SC.

15

Estas preocupações não são em nada a dos utopistas do século passado. A *Revue pédagogique* de 1910, tratando do tema "A escola e a região", descrevia uma situação que não mudou desde então:

"Diria-se que não há ao redor dela (a escola) a natureza dos seus campos, seus prados, seus bosques onde trabalham os homens, os pais, os irmãos de nossos alunos, a aldeia e suas fazendas, a cidade trepidante de ofícios. Tudo isto, ultrapassados os portões da escola, a criança esquece, acha normal esquecer... e cochila"[3].

Lendo este texto, resta captar qual é o grau de autonomia do discurso pedagógico frente à instituição escolar para apreciar no seu justo valor estas vontades de ligação com o concreto. Artifício literário ou objetivo seriamente visado?

De todo modo, esta inserção da escola na vida onde a geografia deveria ter desempenhado um papel importante não significa absolutamente o despertar na criança de uma tomada de consciência. Trata-se não de fazer dela um revoltado mas, ao contrário, um cidadão ligado à comunidade a que pertence.

"Somos tanto mais ligados à nossa região quanto mais razões temos de amá-la, de aí nos sentirmos de uma ou de outra forma solidários com as gerações desaparecidas e o amor do solo nacional (...) é o mais sólido fundamento do amor à pátria"[4].

A função patriótica do ensino da geografia descrevendo sua região aparece de forma totalmente clara neste texto.

Um dos fins declarados do ensino em geral é prolongar a vida concreta do aluno (sabe-se que a realidade é bem outra, a abstração tendo conquistado a hegemonia na escola). No texto de 1822 já citado, geografia definida como "uma ciência e um desenho" se exprime antes de tudo pelo mapa. Na escola é preciso primeiro ensinar o aluno a desenhar mapas em diferentes escalas e habituá-lo a lê-los. Propõe-se assim a planta da classe ou ainda a superposição, a partir da estátua... de Henrique IV (a escolha não é justificada), de mapas abrangendo cada vez uma parte mais vasta de Paris. Desde que se fale de estudo concreto em matéria de geografia, todos valorizam o estudo da cartografia. Num livro publicado em 1950[5] cita-se, por exemplo, as diretrizes de 1927 que pedem "considerar os fatos da vida corrente como as experiências mais instrutivas" ou as de 1945 que preconizam "a observação direta" para justificar a utilização do mapa. Estas teorias tornaram-se os lugares-comuns da pedagogia, mas a realidade escolar está longe de coincidir com esta ficção pedagógica. Por que então esta resistência da escola na sua ligação com a vida social? Por que esta incapacidade da geografia de ser o elo essencial desta ligação?

Esta dupla questão nos parece ser uma das bases sobre as quais é possível desencadear o debate sobre a geografia escolar.

O BLOQUEIO AO NÍVEL DA DISCIPLINA

Há elementos constitutivos do discurso da geografia escolar que permitem explicar esta contradição evidente entre os objetivos declarados e a realidade de uma disciplina desligada de toda preocupação concreta? Quais são as causas do mal-estar congênito da geografia na escola?

A importância da Geografia Física

O peso da descrição física na geografia escolar foi sempre importante. Esta importância quantitativa não é absolutamente proporcional ao lugar qualitativo que os fatores físicos têm no raciocínio (ou arremedo de raciocínio) do curso de geografia. Esta distorção é devida, sem dúvida, ao fato de que a geografia foi concebida inicialmente como auxiliar da história no quadro do ensino.

"A geografia foi considerada pela comissão como devendo servir de introdução à história e como estímulo mais propício para despertar o desejo deste estudo principal" (1822). A geografia é antes de tudo a disciplina que permite, pela descrição, conhecer os lugares onde os acontecimentos se passaram. Esta situação subordinada da geografia à história foi reforçada pela preocupação patriótica. O objetivo não é o de raciocinar sobre um espaço, mas de fazer dele um inventário, para delimitar o espaço nacional e situar o cidadão neste quadro. Pode-se adiantar a hipótese de que o discurso nacionalista reforçou o peso dos elementos físicos, pois ele utilizou sempre com ênfase a gama das causalidades deterministas a partir dos dados naturais. *Assim, o clima explica as mentalidades enquanto que a existência de vias de invasão justifica a procura de fronteiras naturais.*

Esta predileção da geografia escolar pela geografia física encontra também suas raízes na geografia dos militares. O militar conduz seu raciocínio estratégico a partir dos dados topográficos. São estes dados, no seu aspecto descritivo, que foram repetidos pela geografia escolar.

Esta parte do "físico" foi consideravelmente inflada pelo desenvolvimento do enciclopedismo a partir dos professores do ensino superior. Seu saber nutriu sempre prioritariamente seu principal emprego: a geografia na escola. Desde então, o discurso geográfico tornou-se essencialmente abstrato. *O clima nada tem a ver com o tempo real, as formas do relevo organizadas nas tipologias caricaturais deixam de ser um elemento da paisagem visível para tornarem-se uma construção abstrata.* O discurso organiza-se ao redor de sua própria lógica... *a estrutura do discurso.* Esta lógica culmina no famoso plano de "gavetas" – I) as condições naturais; A) o relevo; 1) etc. Com medo de esquecer um grão de pó (um detalhe) em um canto, o professor abre conscienciosamente todas as gavetas, uma após outra, e faz um inventário do seu conteúdo. Pouco importa a utilidade deste ou daquele detalhe: o que conta não é integrá-lo a um raciocínio, mas completar uma nomenclatura. De onde vem este discurso tão fortemente arraigado nos espíritos?

Pode-se adiantar o lugar da geografia militar como ancestral da geografia escolar. O militar tem necessidade de fazer o inventário de todos os dados úteis ou *potencialmente* úteis para armazenar as informações suscetíveis de servir-lhe para o futuro.

Não se pode negligenciar a importância de um certo discurso histórico. Auxiliar da história, a geografia se desenvolveu à sua imagem. À *simples cronologia histórica corresponde a nomenclatura geográfica.*

O curso de geografia tira de sua estrutura de inventário esta impressão próxima de uma enciclopédia e cuja eficácia soporífera não carece de demonstração. Discurso descritivo, até determinista, a geografia na escola elimina, na sua forma constitutiva, toda a preocupação de explicação. A primeira preocupação é descrever em lugar de explicar; inventariar e classificar em lugar de analisar e de interpretar. Esta característica é reforçada pelo enciclopedismo e avança no sentido de uma despolitização total.

O enciclopedismo

O enciclopedismo não é específico da geografia e atinge todas as disciplinas. Todos, no entanto, concordam em denunciar a amplitude desmesurada dos conhecimentos que devem ser transmitidos aos alunos. Assim, M. Le Lannou propõe "expurgar o aparato supérfluo" e "reduzir a exuberância das nomenclaturas". Cuidado louvável no sentido de resolver o mal-estar da geografia na escola, mas que não vai ao fundo das coisas. Através do enciclopedismo, é o problema da geografia dos professores que se coloca. A geografia se constitui como ciência (ou se pretende como tal) quando ela entra na segunda metade do século passado no circuito da instituição universitária. Professores de geografia formam outros professores que por sua vez continuam o círculo. A geografia universitária desembocando quase unicamente na geografia escolar, vai deste modo moldá-la a sua imagem, abarrotá-la de conhecimentos "indispensáveis", completá-la até a apoplexia.

É preciso notar que esta inflação ao nível dos conhecimentos não implica o esgotamento. O enciclopedismo da geografia escolar se centra mais sobre a precisão do detalhe (diferenciação das camadas geológicas, gênese das formas estruturais, nomenclatura ampliada para o "humano") que sobre a totalidade dos fenômenos geográficos. A questão dos solos, por exemplo, é eludida quando ela permitiria colocar uma série de problemas à articulação do físico e do humano.

O enciclopedismo contribuiu para a abstração crescente do discurso geográfico, ao mesmo tempo que alimentou o tédio das gerações de alunos que classificaram a geografia entre as matérias a memorizar.

O enciclopedismo igualmente concluiu o fenômeno de despolitização do discurso geográfico que consegue tão frequentemente falar da atualidade sem colocar um único problema político.

A Despolitização

O apolitismo da geografia na escola é bastante paradoxal quando se pensa nas motivações explicitamente nacionalistas que lutaram por sua introdução. O argumento nacionalista funciona através da evidência (exemplo: as fronteiras são naturais), sua eficácia se mede por seu grau de despolitização, pela objetivação de seu discurso sobre a realidade, por sua passagem da demonstração à descrição.

Esta despolitização foi reforçada pelas características da escola geográfica francesa marcada pelo estudo da região posto em prática por Vidal de La Blache. O estudo regional permite apagar um certo número de fatores visíveis em outras escolas que não a da região.

O raciocínio geográfico, privilegiando (frequentemente sem o justificar) uma escala de análise ou resvalando de maneira implícita em escalas diferentes, chega a eludir um certo número de questões ou a situá-las num sistema de causalidade falsa. A geografia tem um papel de máscara ideológica apagando um certo número de realidades concretas e se acha, de maneira cada vez mais clara, deslocada em relação à tomada de consciência política e social de um certo número de professores e de alunos. Ela tende, assim, a tornar-se aos olhos deles uma disciplina arcaica, incapaz de dar conta dos grandes enfrentamentos do mundo contemporâneo.

A CRISE DA INSTITUIÇÃO ESCOLAR

Se o mal-estar da geografia escolar aparece como ligado de uma maneira constitutiva ao próprio discurso geográfico, ele hoje desemboca, no entanto, em uma situação de crise espetacular. O principal sintoma dessa crise foi a tentativa de retirada da geografia da escola. Fatores novos contribuem para isso. Todos os professores acusam a concorrência desleal dos meios de comunicação. Estes utilizam o que se pode chamar de uma geografia-espetáculo que tende a relegar a geografia escolar ao mundo da pré-história.

Por outro lado, sua eficácia ideológica parece embotada se a comparamos a outras disciplinas mais modernas. Pode-se colocar a questão de saber se a economia ou a sociologia não aparecem aos olhos do poder como mais aptas para formar os cidadãos. Familiarizando-os com as leis econômicas, os futuros trabalhadores serão mais sensíveis às consequências *lógicas* do que o conseguem os ministros em seus discursos *realistas*.

Estas novas disciplinas, por outro lado, respondem mais concretamente que a geografia à questão do mercado de trabalho dos profissionais.

A geografia torna-se a vítima de um duplo processo de crise ligada ao seu conteúdo e ao seu lugar na instituição escolar em via de reestruturação.

A escola, herdeira da universidade liberal, reservada a uma minoria (para o secundário e o superior) teve que se adaptar ao seu novo papel de reprodução social. Esta reorientação provocou, há alguns anos, uma situação de crise. Os elementos dessa crise, própria à instituição escolar, têm tendência a se dissolver nas dificuldades específicas da geografia na escola. As consequências diretas desta confluência foram as tentativas feitas por Fontanet, depois por Haby, de eliminar a geografia. Esta disciplina, outrora no centro geométrico da instituição escolar (formação do cidadão), aparece hoje menos eficaz econômica e ideologicamente. A geografia enciclopédica dos professores, produto do mito da cultura da universidade liberal onde se ministrava o saber pelo saber a uma elite reduzida, tornou-se um obstáculo para a reestruturação modernista na escola.

Numa visão global, que vai do primário ao superior, o poder procura reestruturar o conjunto da instituição escolar com a preocupação de clarificar os diferentes patamares de seleção. Alegando o interesse por parte dos alunos (dar-lhes "diplomas-patamares" diretamente utilizáveis no mercado de trabalho), adapta-se a velha escola da III República inchada pelas gerações do pós-guerra, às necessidades de uma sociedade industrial onde a divisão do trabalho implica a seleção dos trabalhadores. A escola se especializa, se organiza, corre nos múltiplos canais que irrigam a organização da produção. Em consequência, tudo o que representava o orgulho da universidade liberal – letras clássicas, depois ciências humanas – para a formação de uma elite constituindo a totalidade do público escolar e universitário, não convém mais à função de triagem de uma escola de massa. A escola não tem mais por objetivo esclarecer a futura elite, através de uma formação polivalente equilibrada. A especialização, concebida como adaptação dos homens ao parcelamento das tarefas, impõe descartar as velhas referências literárias de outrora.

A geografia faz parte do passivo da velha escola que o poder tem por objetivo reformar, passivo que é o resultado da transformação das necessidades e referências culturais ideologicamente úteis para a sociedade e da esclerose interna da própria disciplina.

Sustentada durante muito tempo pela ideologia nacional e colonial, a geografia escolar sofre o contragolpe da emancipação das colônias, na hora em que as estruturas nacionais se inserem nas relações de dependência e se diluem nos espaços mais vastos.

Ideologicamente útil na afirmação da nação e para a reprodução da consciência de uma identidade comum, a geografia se acha confrontada a discursos "supranacionais". Isto corresponde, no caso da França, a sua inserção no conjunto europeu e a sua situação no quadro da hegemonia imperialista norte-americana. A questão que se coloca, então, é a de saber se a adequação dos discursos nacionalista e geográfico não foi senão conjuntural e em que medida a crise da geografia está ligada à da nação.

Pode-se dizer que a crise da geografia na escola se resume essencialmente na crise de sua finalidade. Ensinamento com função ideológica, sua eficácia se vê contestada por discursos mais "modernos" (economia, sociologia, etc...). Marginalizada no momento da adaptação da escola às necessidades profissionais, a geografia está minada por sua aparente incapacidade de dar conta das lutas onde o espaço está em jogo.

NOTAS

1. *Duchesme*. Sur l'enseignement de l'histoire, de la Géographie et de la chronologie. *(Sobre o ensino da história, da Geografia e da cronologia) 1822.*

2. *Ibid.*
3. *"L'école et la région" (A escola e a região).* Revue pédagogique, éd. Blanguernon, 15 de novembro de 1910).
4. *Circulaire de la Société des études locales, fondée le 28 mai 1911. Cité in BARKER* L'utilisation du milieu géographique. *(Circular da Sociedade de estudos locais, fundada em 28 de maio de 1911. Citada em BARKER, A utilização do meio geográfico), 1926.*
5. *Dubois.* Leçon de pédagogie. L'enseignement de la géographie. *(Lição de pedagogia. O ensino da geografia), 1950.*

SITUAÇÃO E TENDÊNCIAS DA GEOGRAFIA*

Ariovaldo Umbelino de Oliveira

CONHECIMENTO E REALIDADE

A geografia, quer a nível nacional, quer a nível internacional, vem passando, nas últimas décadas, por um período de intenso debate sobre as diferentes correntes de pensamento envolvidas com a sua produção científica.

O processo de desenvolvimento ampliado da crise em que o modo capitalista de produção está inserido e os desvios e desatinos que os países que fizeram as revoluções populares têm encontrado na marcha para a construção do socialismo, são certamente a realidade concreta que serve de base para as discussões travadas hoje na geografia. E isto se deve ao fato de que a nossa consciência (e de todos os homens) é determinada pelo nosso ser social e não o inverso – a consciência determinar o nosso ser social.

Tudo isto ocorre porque o desenvolvimento da nossa vida social, política e intelectual em geral está condicionado pelo modo de produção da nossa vida material.

Sem embargo, não somos o que muitas vezes *apenas pensamos ser*, somos, isto sim, aquilo que *produzimos*, aquilo que *praticamos*, pois não se mede um homem pelo que ele pensa de si e sim pelo que ele efetivamente produz.

É, pois, nessa interação dialética entre a produção social da existência dos homens e sua vida (produção) intelectual que devemos buscar

---

* *Trabalho publicado na revista* Orientação *n° 5 – Instituto de Geografia-USP – São Paulo – 1984 – pág. 29/31.*

a explicação para os debates entre as diferentes correntes do pensamento hoje travados no seio da geografia.

Esse processo em marcha, porém, tem que ser um processo de comprometimento crítico com a transformação da sociedade.

Aliás, é como bem disse José de Souza Martins em seu livro *Sobre o Modo Capitalista de Pensar*, Hucitec, São Paulo, 1978, p. XIII "... o exercício teórico tem sentido e é necessário quando se submete o conhecimento a uma crítica fecunda. E só a História tem condições de fecundá-lo. Só o compromisso com a transformação da sociedade pode revolucionar o conhecimento".

O DEBATE TEÓRICO ATUAL

Assim, como todos sabemos – pois hoje várias são as publicações existentes sobre o assunto –, o debate teórico e metodológico em desenvolvimento na geografia envolve principalmente, mas não exclusivamente, o que de uma forma pouco científica tem sido chamada de geografia tradicional. Na raiz, isto é herança do positivismo clássico e suas sequelas (onde se insere a própria crítica idealista a esse instrumental teórico e metodológico), que de há muito vem se debatendo como uma questão insolúvel nos limites de sua(s) teoria(s), qual seja o do estatuto científico próprio das ciências humanas. Para uns, as ciências humanas derivam das ciências da natureza (logo não possuem um estatuto científico próprio); para outros, elas não derivam das ciências da natureza (logo, podem possuir estatuto científico próprio).

Este rico embate travado já no século passado, produto evidentemente da crise em que a produção capitalista se debatia, já entrando em sua fase imperialista, e prenúncio do que viria a ocorrer neste século, veio para a geografia (o embate) mutilado e travestido da discussão quase insolúvel (nos limites da teoria em que foi feito), entre o determinismo de um lado e o possibilismo de outro.

A crítica mais profunda (fora, portanto, dos limites da teoria que produziu o debate determinismo e possibilismo), que certamente poria a nu as raízes ideológicas, sociais e políticas dessa corrente de pensamento, foi marginalizada e mesmo sufocada nos grandes centros do capitalismo. Falamos da geografia produzida por Reclus, por exemplo.

É, pois, essa geografia limitada e limitante que se envolveu no embate entre o possibilismo e o determinismo que está na raiz da "geografia dos professores" como a chamou por Yves Lacoste. É esta postura teórica e metodológica que está presente na grande maioria dos livros didáticos e em praticamente todos os departamentos de geografia existentes no Brasil. É essa geografia que não tem convencido nem mesmo os ideólogos do modo capitalista de pensar, que passou após a Segunda Guerra Mundial (quando se acentua a crise do capitalismo) a ser objeto de críticas. Críticas essas que podem ser divididas em dois grandes blocos.

Em primeiro lugar, a crítica formulada ainda nos limites da teoria que está na sua base, robustecida (ou enfraquecida) pela incorporação do "instrumental da época" (consequência óbvia do avanço tecnológico), e que se autodenominou de "new geography". Essa nova geografia edificou-se (ou já estava edificada, pois apenas trocaram-lhe as vestimentas) sobre o neopositivismo. Ela chega entre os geógrafos como geografia quantitativa, geografia teorética, geografia moderna, geografia pragmática, etc.

Na realidade, a crítica que esta nova geografia faz está circunscrita, por um lado, ao uso de conceitos superados pelo próprio desenvolvimento do capitalismo (conceitos econômicos próprios da etapa concorrencial do capitalismo e praticamente julgados impróprios para a compreensão da etapa monopolista deste modo de produção); e, por outro, à utilização de um instrumental metodológico tecnicista que revolucionou os métodos empiristas e experimentais de outrora, determinando um envolvimento cego por parte daqueles que o operam e que, na maioria dos casos do Brasil, ficaram mais "empolgados" com a "máquina do século", o computador, do que com o conhecimento produzido.

Este bloco de "críticos" da geografia produzida até então procurou alicerçar a sua produção na filosofia. E é a busca deste alicerçamento filosófico para a nova geografia que fez nascer entre seus expoentes máximos, David Harvey e William Bunge, a necessidade de buscar fora dos limites da teoria de então, o instrumental teórico e metodológico (materialismo histórico) que lhes permitisse a compreensão das transformações nas quais o mundo de hoje está envolvido.

Foi também em decorrência do movimento de crítica nascido na França, principalmente no pós-guerra, com Pierre George, Lacoste, Kayser, Guglielmo, Tricart, Dresch entre outros, que o acesso da geografia ao materialismo histórico e dialético começou a se fazer. Era uma espécie de reencontro com as raízes fincadas por Reclus.

Esse movimento crítico que aparece entre nós como geografia nova, geografia crítica, etc., tem como elemento unificador a utilização do materialismo histórico e dialético como corpo teórico e metodológico de investigação da realidade. Ele permite ultrapassar a questão na qual a geografia se envolveu desde o seu surgimento, "a questão do determinismo e do possibilismo", ou "a questão do homem e a natureza", ou ainda "a questão da sociedade e da natureza", ou mesmo a mais recente e profícua discussão sobre a história e a natureza. Ou seja, resgatamos para a geografia, um século depois, a teoria e o método que abriram caminho à superação dessa "questão" – dessa falsa questão, portanto, nos limites da própria geografia. E que, certamente, vem para abrir caminho e fazer avançar além da geografia.

O momento atual vivido pela geografia é, portanto, um momento de embate teórico-metodológico e prático realizado em três frentes: entre a "new geography" e a "geografia tradicional" de um lado, entre a "geografia crítica" e a "geografia tradicional" de outro, e ainda, e cada vez mais intensamente, entre a "new geography" e a "geografia crítica".

Na prática, hoje não há condições de se afirmar que a hegemonia é desta ou daquela corrente. O que pode estar havendo é, em primeiro lugar, a aparência de uma grande confusão entre a maioria dos professores de geografia que se vê, de repente, envolta por uma discussão da qual não tem participado; na verdade, registra-se a essência desse embate que parece ampliar-se, ganhando a maioria dos professores de geografia.

É, pois, da ampliação deste debate que nascerá a hegemonia de uma ou outra corrente. Debate este que ainda continuará por algum tempo com os problemas que Massimo Quaini apontou em seu livro *Marxismo e Geografia*, Paz e Terra, Rio de Janeiro, 1979, p. 22: "A Geografia revela ainda hoje uma alma dualista: oscila e continua oscilando entre determinismo e possibilismo, entre naturalismo e historicismo idealista, entre uma causalidade materialista e um finalismo indeterminado.

Isto é, de um lado, tende-se a considerar como real somente a necessidade ou causalidade material (e, portanto, o homem como ser natural determinado pelo ambiente e a sociedade humana como reduzida a um formigueiro); de outro, considera-se como real somente o finalismo ou a liberdade da ação humana (e, portanto, o ambiente como livre criação do homem). São duas soluções que não resolvem a antinomia mas que a perpetuam, porque é normal que o idealismo traga consigo (mesmo em seu contexto) o seu oposto (o materialismo vulgar), assim como o determinismo, por sua vez, evoque o indeterminismo absoluto".

A PRÁTICA DOS GEÓGRAFOS

A prática atual dos geógrafos tem sido, na sua grande maioria, o trabalho como professor de geografia, quer no ensino de primeiro, segundo e terceiro graus, quer nos afins (madureza, supletivo, Mobral, etc.).

Esta prática profissional do ensino da geografia, como já escrevemos, tem sido conduzida de fora para dentro desta mesma prática de ensino. Ou seja, os professores não têm participado ativamente, como poderíamos supor, do processo de discussão existente na geografia atual.

O que ocorre na realidade é que os professores (todos), obviamente os de geografia também, estão envolvidos num processo dialético de dominação, qual seja, o professor foi educado a ensinar sem pôr em questão o conteúdo dos livros didáticos, sem que o produto final de seus ensinamentos fosse ferramentas com as quais eles e seus alunos vão transformar o ensino que praticam e, certamente, a sociedade em que vivem.

Ou, por outras palavras, os professores e os alunos são treinados a não pensar *sobre* e o *que* é ensinado e sim, a *repetir* pura e simplesmente o que é ensinado. O que significa dizer que eles não participam do processo de produção do conhecimento.

Isto se deve ao fato de que entre nós a divisão do trabalho acadêmico também está presente. Uns produzem a teoria, outros ensinam, portanto praticam a teoria. Esta divisão cria entre nós uma falsa dualidade entre o professor e o pesquisador, que tem sido a bandeira de geógrafos que pleiteiam a separação entre os cursos de graduação para formação de professores (licenciatura) e os para a formação de pesquisadores (os "profissionais geógrafos"), que hoje têm grande parte de sua prática limitada pelos aparelhos de planejamento do Estado.

Esta bandeira de divisão dos cursos só pode contribuir para o empobrecimento ainda maior da geografia e pela morte natural do ensino da geografia e, em particular, da escola como *locus* privilegiado da formação crítica dos homens que compõem e comporão, no futuro, a base produtiva da sociedade. Cabe ressaltar que vários são os departamentos de geografia no Brasil que ou criaram essa equivocada separação dos cursos de graduação, ou aguardam, oportunisticamente, o momento da inevitável alteração curricular para fazê-lo. E este momento oportuno pode estar sendo permitido, entre nós geógrafos, pela implantação da lei que regulamentou o nosso exercício profissional e que não permitiu este exercício aos licenciados em geografia.

A verdadeira realidade vivida pelos departamentos de geografia entre currículos considerados por parte de professores e alunos como "superados"; as possíveis alterações nos currículos mínimos federais e as reformas iniciadas nos vários departamentos, compõem o corpo das discussões que se travam nas unidades educacionais que formam os professores/profissionais da geografia.

Este debate, a nosso ver, deve ser fundido (onde ainda não está), com o outro debate, o teórico, feito às vezes, forçadamente, em separado. Ou juntamos a teoria à prática e vice-versa, ou certamente continuaremos a nos envolver com as "falsas questões" dualistas que têm encontrado terreno fértil na geografia. O rumo à práxis é o caminho para revolucionarmos a geografia, ou melhor, a sociedade.

GEOGRAFIA CRÍTICA E ENSINO*

José William Vesentini

As relações da geografia com o ensino são íntimas e inextricáveis, embora pouco perscrutadas tanto pelos geógrafos como pelos estudiosos da questão escolar. É evidente que estamos nos referindo à chamada de geografia moderna (ou científica, ou tradicional, denominações para a mesma formação discursiva, que recebe tal ou qual rótulo, de acordo com a opção teórico-metodológica de quem dela fala), aquela estruturada em meados do século XIX, e ao ensino na sociedade capitalista (e conhecemos alguma outra?), em especial à instituição *escola*, surgida após a revolução industrial, fruto das reformas pedagógicas do século XIX.

Abrindo-se um manual de história da educação, lê-se (Luzuriaga, 1983, pág. 180/1) que: "Todo o século XIX foi um contínuo esforço por efetivar a educação do ponto de vista nacional. Nesse século desenvolveu-se a mais extensa luta dos partidos políticos, conservadores e progressistas, reacionários e liberais, por apoderar-se da educação e da escola, para seus fins. Em geral, pode-se dizer que foi uma luta entre a Igreja e o Estado em torno da educação; venceu este e em cada país foi organizada uma educação pública nacional. (...) A Revolução Industrial principiada em fins do século anterior, agora se desenvolve intensamente e origina a concentração de grandes massas de população e a necessidade de cuidar de sua educação. (...) Trata-se agora de dar caráter cívico ao ensino de cada país, em forma de educação patriótica e nacionalista. Com isso, acentuam-se as diferenças nacionais e preparam-se os acontecimentos bélicos desse e do nosso século".

---

* *Trabalho publicado na revista* Orientação *nº 6 – Instituto de Geografia-USP – novembro – 1985 – pág. 53/58.*

Assim, a chamada "escolarização da sociedade", ou expansão notável do ensino público, dá-se a partir do desenvolvimento do capitalismo, do grande impulso da industrialização original, urbanização e concentração populacional nas cidades. Mas o que significa a ingênua frase: "necessidade de cuidar de sua educação"? Sabemos que se educa para alguma coisa, que cada sociedade concreta estrutura seu sistema de ensino em função de suas necessidades; mas que numa sociedade de classes não existem "necessidades coletivas" e nem "comunidades" (apesar da escola se apresentar normalmente como representante dos "interesses da comunidade"). Na realidade, a luta Estado *versus* Igreja pelo domínio da educação e a questão de *quem* deveria ser educado naquele momento – os grandes contingentes humanos que se concentravam nas cidades –, já nos fornecem indícios sobre a natureza do sistema público de ensino que se tornava então vitorioso: tratava-se de assegurar a hegemonia da burguesia (a Igreja, naquele momento, era tida como representante das relações de dominação anteriores ao capitalismo) e a reprodução do capital. Ou, nas palavras de dois estudiosos do assunto: "Tal sistema (o escolar) contribui de maneira insubstituível para perpetuar a estrutura das relações de classe e ao mesmo tempo para legitimá-la, ao dissimular que as hierarquias escolares que ele produz *reproduzem* hierarquias sociais". (Bordieu e Passeron, 1975, p. 213, grifo nosso).

Em outros termos, diferentemente da nobreza que se legitimava pelas suas raízes pretensamente biológicas (o "sangue") e criadas "por Deus", a burguesia, que durante muito tempo combateu os privilégios do clero e dos senhores feudais, ridicularizando sua "origem divina", teve que criar uma nova forma de legitimidade: o estudo, o mérito escolar, o diploma. É evidente que a escola não produz, mas apenas reproduz as desigualdades sociais; mas sua função ideológica parece ser bem mais eficaz que as formas anteriores de legitimar privilégios de estamentos ou ordens. E, além disso, a escola contribui para a reprodução do capital: habitua os alunos à disciplina necessária ao trabalho na indústria moderna, a realizar sempre tarefas novas sem discutir para que servem, a respeitar a hierarquia; e serve como absorvente de parte do exército de reserva, segurando contingentes humanos ou jogando-os no mercado de trabalho, de acordo com as necessidades do momento. Dessa forma, "O espaço pedagógico é repressivo, mas esta 'estrutura' tem um significado mais vasto do que a repressão local: o saber imposto, 'engolido' pelos alunos, 'vomitado' nos exames, corresponde à divisão do trabalho na sociedade burguesa, serve-lhe, portanto, de suporte. Esta análise desenvolveu-se desde a descoberta da pedagogia ativa (Freinet) até as investigações da crítica institucional que prosseguem nos nossos dias". (Lefebvre, 1977, p. 226.)

E a geografia moderna, como se encaixou nesse sistema capitalista de ensino? Nas palavras de um geógrafo francês (Lacoste, 1977, pág. 38), temos que: "A geografia escolar que foi imposta a todos no fim do século XIX e cujo modelo continua a ser reproduzido ainda hoje, quaisquer que possam ter sido os progressos na produção de ideias científicas, encontra-se totalmente alheada de toda a prática. De todas as disciplinas na escola (...), a geografia é, ainda hoje, a única que surge como um saber sem a mínima aplicação prática fora do sistema de ensino. (...) No entanto, o mestre, o professor, sobretudo dantes, obrigava a 'fazer' muitos mapas (...) são imagens simbólicas que o aluno deve desenhar por si próprio: dantes era mesmo proibido decalcar, talvez para melhor o apreender. A imagem mágica que deve ser reproduzida pelo aluno é, antes de mais nada, a da Pátria. Outros mapas representavam outros Estados, entidades políticas cujo esquematismo dos caracteres simbólicos vem reforçar ainda mais a ideia de que a nação onde vivemos é um *dado* intangível (dado por quem?), apresentado como se tratasse não de uma construção histórica, mas de um conjunto espacial engendrado pela natureza. É sintomático que o termo eminentemente geográfico 'país' tenha suplantado, e em todas as matérias, as noções mais políticas de Estado, de nação...".

Difundir uma ideologia patriótica e nacionalista: eis o escopo fundamental da geografia escolar. Inculcar a ideia de que a forma Estado-nação é natural e eterna; apagar da memória coletiva as formas anteriores de organização espacial da(s) sociedade(s), tais como as Cidades-estado, os feudos, etc.; enaltecer o "nosso" Estado-nação (ou "país", termo mais ligado ao território e menos à história), destacando sua potencialidade, sua originalidade, o "futuro" glorioso que o espera. Numa perspectiva nacional, "O estudo do Brasil deve começar pela área e formato do território, latitude e longitude, fusos horários, etc.; deve destacar sua imensa riqueza natural e nunca esquecer de, ao esboçar o mapa, colocar sempre a cidade-capital em seu 'centro geográfico', no 'coração do Brasil'. Dessa forma, sub-repticiamente, 'Brasil' passa a significar 'território' e não povo ou sociedade, e governar passa a significar *administrar*, gerenciar, e nunca fazer *política* no sentido verdadeiro da palavra" (Vesentini, 1984, p. 34). E, na perspectiva internacional, "A partir de uma concepção de mundo oriunda da razão instrumental burguesa, especialmente das ideias de *progresso*, geradas pelo desenvolvimento do capitalismo e do imperialismo, ela fornece uma 'visão descritiva' dos diversos 'países' e paisagens da superfície terrestre, visão essa impregnada de etnocentrismo, de mitologias nacional-desenvolvimentistas e às vezes até de racismo". (Vesentini, 1982, p. 199).

Dessa forma, a instituição escola e a "geografia dos professores" (aquela parte da geografia moderna adaptada ao ensino elementar e médio), foram e são interligadas desde o século XIX. O discurso geográfico desempenhou importante papel na difusão do imaginário nacional de cada Estado-nação e, inversamente, o lugar que lhe foi reservado no sistema escolar influenciou enormemente a evolução da geografia moderna. Basta lembrar, por exemplo, do peso que exerceram Vidal de La Blache e Aroldo de Azevedo nos rumos seguidos pela geografia acadêmica na França e no Brasil. Esses dois geógrafos, em que pese suas diferenças, tiveram algo importante em comum: ambos começaram como autores de livros didáticos para o ensino elementar, transmitiram aí uma visão da geografia como "discurso da Pátria" que, com poucas alterações, foi o paradigma que se tornou hegemônico durante décadas. Vide, igualmente, a marginalização acadêmica de Piotr Kropotkin, que não era adequada ao ensino, pois sua geografia era internacionalista e não enaltecia o Estado-nação. Assim também foi o caso do geógrafo e anarquista Élisée Reclus: "Por muito que se diga, Vidal de La Blache não foi o primeiro 'grande' geógrafo francês. Existiu antes dele Élisée Reclus (1830-1905), cuja obra obteve considerável sucesso, tanto em França como no estrangeiro, em largas camadas da opinião pública, *fora dos sistemas escolares* (...) Para ele, a geografia não só não pode ignorar os problemas políticos, como permite até valorizá-los. No entanto, o velho comunardo, exilado fora da França, não pôde criar uma 'escola', e o seu nome foi cuidadosamente esquecido na Universidade, especialmente por aqueles que 'saquearam' desavergonhadamente as múltiplas publicações da sua 'geografia universal' para dela utilizarem inúmeras passagens na que foi realizada sob a direção de Vidal". (Lacoste, 1977, p. 71, grifo nosso).

Malgrado a maior parte das obras que analisam a "história da geografia", persistirem em ignorar o ensino, *pensamos que foi pelo seu papel social no sistema escolar que a geografia moderna teve sua função de pesquisa legitimada*. E não o inverso, como equivocadamente ainda trazem muitos manuais, ou seja, que o ensino seria um "complemento" decorrente da produção "científica", da pesquisa empírica. O ocultar da função ideológica de um discurso em nome da ciência sempre foi um procedimento comum na sociedade capitalista. Não é por acaso, portanto, que a chamada "crise da geografia" coincide com a "crise da escola".

Quanto à "crise da escola", isso é um assunto que não nos interessa mais de perto neste texto, e sobre ela existem inúmeras interpretações: desde explicações que culpam a "pedagogia moderna" por se preocupar muito com técnicas educativas e pouco com o conteúdo a ser ensinado; até explicações que culpam o "ensino tradicional" não voltado para a vida e que confunde a criança ou o adolescente com um "pequeno adulto"; e, naturalmente, as explicações mais elaboradas sobre novas funções que a sociedade contemporânea exige da escola, em consonância com as transformações do capitalismo avançado. E a "crise da geografia", que nos interessa bastante no momento, *aparece* como insatisfação de geógrafos e professores com sua disciplina, seu caráter descritivo e mnemônico, sua compartimentação em ramos estanques (física e humana, regional e geral), sua metodologia pouco séria (os "princípios"...), o "avanço" sobre outras ciências (geologia, economia...), para copiar-lhes certos ensinamentos etc.

Será que esse questionamento da geografia moderna, essas frequentes polêmicas sobre os "velhos" e os "novos rumos" da geografia, não possuem, na essência, algo mais profundo, um elemento fundante? Pensamos que sim, que algumas determinações do discurso geográfico pós-século XIX se alteraram. Com a internacionalização do fato industrial e com a "rede global" de comunicações, a ideologia patriótica e nacionalista já não é tão importante no ensino elementar e médio (a não ser como profundas mudanças em sua natureza); com a evolução tecnológica, a descolonização, as alterações na divisão internacional do trabalho, em suma, com a reprodução a nível mundial da relação capital/trabalho assalariado, o *espaço-continente* (cartografável, concreto, contínuo...), objeto por excelência das descrições e explicações geográficas, perdeu sua importância (inclusive ideológica). O espaço mundial de hoje é descontínuo, limitado pela economia ou pela política (aliás inseparáveis), móvel e difícil de ser cartografado ou captado por meras descrições. Além disso, ele – o espaço construído, social, fruto da humanização da natureza, *locus* de lutas e conflitos – não é mais um elemento inerte, a ser apropriado pelo homem pela expansão econômica ou então a ser visitado pelos turistas, e sim algo necessário ao movimento do capital e/ou ao controle social: é o espaço produzido, planejado, transformado em mercadoria e constantemente reconstruído. E a geografia moderna, tanto a acadêmica (de pesquisa) como a dos professores, não consegue mais explicar satisfatoriamente esse espaço, e isso nem mesmo como inculcação ideológica para os alunos de 1º e 2º graus. Daí a "crise" dessa geografia, e as alternativas que surgem há alguns anos (ou décadas, conforme o caso) e que a substituem.

Não se trata de "modas", como querem alguns que se recusam a ler obras novas e a tentar renovar suas lições, e sim de uma necessidade real, de ou procurar acompanhar as metamorfoses do mundo ou correr o risco de findar. Ou, nas palavras de um geógrafo italiano (Quaini, 1979, pág. 12): "Onde os estudantes não tiveram, como na Estatal de Milão, a possibilidade de motivar e, sobretudo, de fazer valer sua contestação, demonstraram de modo ainda mais decisivo terem as ideias claras: usufruindo de uma parcial liberdade curricular, desertaram em massa dos cursos de geografia". Nas conclusões de um outro autor (Brabant, 1976, p. 102), temos que: "Pode-se dizer que a crise da geografia na escola se resume essencialmente na crise de sua finalidade. Ensinamento com função ideológica, sua eficácia se vê contestada por discursos mais 'modernos' (economia, sociologia, etc.). Marginalizada no momento de adaptação da escola às necessidades profissionais, a geografia está minada por sua aparente incapacidade de dar conta das lutas onde o espaço está em jogo".

E quais alternativas, ou novas "geografias", que se constroem e substituem a moderna, e que oferecem opções ao professor de 1º e 2º graus? Deixando-se de lado aqueles que fingem ignorar a "crise da geografia" e continuam a praticar o mesmo discurso de Vidal de La Blache ou Aroldo de Azevedo, e que só conseguem provocar aquele tipo de reação descrita por M. Quaini (1979), podemos perceber que existem três caminhos principais que são trilhados pelos que renovam essa formação discursiva: a) a especialização num ramo (ex. climatologia, geomorfologia, etc.), que acaba por tornar-se completamente autônomo; b) a geografia utilitária ou de planejamentos (seja a "new geography", aquela voltada para o "aménagement du territoire" ou qualquer outra forma de geografia tecnocrática); e c) a geografia crítica ou radical.

O primeiro caminho, como é evidente, não é satisfatório para o professor, mas apenas para o especialista que vai trabalhar nesse ramo que se torna um compartimento sem ligações com a totalidade estudada pela geografia (a sociedade em sua espacialização e a segunda natureza). Além disso, ele acaba conduzindo ao fim da geografia e não à sua reconstrução em outras bases.

O segundo caminho também não foi construído para a escola e sim para grandes empresas (públicas ou particulares), para os planos de reordenação espacial visando a reprodução do capital. Trata-se aí de uma geografia servil ao poder (Lacoste, 1977, pág. 109-114), e que no ensino só vai resultar em coisas do tipo do texto sobre geografia agrária do Projeto Brasileiro para o Ensino da Geografia (FUNBEC – EDART, São Paulo, 1977), onde pede-se ao educando que se coloque como o proprietário de uma fazenda e raciocine em termos de custos (mão de obra, insumos, etc.) para aferir a produtividade de "sua" terra. Mas, enfim, para quem concebe a realidade social sob a ótica da harmonia, do princípio lógico da identidade, essa pode ser a geografia adequada para a "comunidade" onde leciona.

E, finalmente, o terceiro caminho parece-nos o mais profícuo, tanto para a crítica à geografia moderna e sua reconstrução, como para a renovação do ensino da geografia. Trata-se de uma geografia que concebe o espaço geográfico como espaço social, construído, pleno de lutas e conflitos sociais. Ele critica a geografia moderna no sentido dialético do termo *crítica*: superação com subsunção, e compreensão do papel histórico daquilo que é criticado. Essa geografia radical ou crítica coloca-se como ciência social, mas estuda também a natureza enquanto recurso apropriado pelos homens e enquanto uma dimensão da história, da política. No ensino, ela preocupa-se com o senso crítico do educando e não em "arrolar fatos" para que ele memorize. Suas fontes de inspiração vão desde o marxismo (especialmente o do próprio Marx), até o anarquismo (onde se "recupera" autores como Élisée Reclus e Piotr Kropotkin), passando por autores como Michel Foucault (que escreveu vários artigos na revista *Hérodote*, além de ter exercido influência sobre alguns geó-grafos da nova geração), Claude Lefort, Cornelius Castoriadis, André Gorz (ou Michel Bosquet, pseudônimo comum desse militante atual de movimentos ecológicos), Henri Lefebvre e outros. Inspira-se sobretudo na compreensão transformadora do real, na percepção da política do espaço. Essa geografia é ainda embrionária, especialmente no ensino. Mas é a geografia que devemos, geógrafos e professores, construir. Isso não deve significar elaborar um *modelo* a ser seguido (de métodos, termos, conceitos, sequências da apresentação etc.), pois o modelo por si mesmo destrói a criatividade, limita a descoberta do novo, transforma o conhecimento de fundante em fundado, e sim que a geografia se fará diferente de acordo com o problema enfrentado e o engajamento do sujeito do conhecimento. E o ensino é cheio de desafios novos que qualquer modelo pronto vai ignorar. E se o professor não raciocinar em termos de "ensinar algo" e sim de "contribuir para desenvolver potencialidades" do aluno, ele verá que o conhecimento também é poder, serve para dominar ou combater a dominação, e que o educando pode tornar-se coautor do saber (com os estudos do meio participativos, debates frequentes, textos e conteúdo adequados à realidade social e existencial dos alunos etc.).

Enfim, não se trata de *ensinar fatos* mas de *levantar questões*, ou seja, negar o discurso competente: "... que é o discurso do especialista, proferido de um ponto determinado da hierarquia organizacional. Sabemos também que haverá tantos discursos competentes quantos lugares hierárquicos autorizados a falar e transmitir ordens aos degraus inferiores e aos demais pontos da hierarquia que lhe forem paritários. Sabemos que é um discurso que não se inspira em ideias e valores, mas na suposta realidade dos fatos..." (Chauí, 1981, p. 11).

Em outros termos, o conhecimento a ser alcançado no ensino, na perspectiva de uma geografia crítica, não se localiza no professor ou na ciência a ser "ensinada" ou vulgarizada, e sim no real, no meio onde aluno e professor estão situados e é fruto da práxis coletiva dos grupos sociais. *Integrar o educando no meio significa deixá-lo descobrir que pode tornar-se sujeito na história.*

REFERÊNCIAS BIBLIOGRÁFICAS

Bordieu, P. e Passeron, J. C. A reprodução – elementos para uma teoria do sistema de ensino. *Rio de Janeiro, Francisco Alves Editora, 1975.*

Brabant, Jean-Michael. "Crise da Geografia, Crise da Escola", *nesta antologia.*

Chauí, Marilena. Cultura e democracia – o discurso competente e outras falas. *São Paulo, Ed. Moderna, Col. Contemporânea, 1981.*

Foucault, Michel. Microfísica do Poder, *Rio de Janeiro, Ed. Graal, 1979.*

Gray, Fred. "Radical geography and the study of education", *Antipode,* Worcester, nº 1 (8), p. 38-44, 1976.

Lacoste, Yves. A geografia serve, antes de mais nada, para fazer a guerra, *Lisboa, Iniciativas Editoriais, 1977.*

Lefebvre, H. "Estrutura social: a reprodução das relações sociais", in J. de S. Martins e M. M. Forachi (org.), *Sociologia e Sociedade, Rio de Janeiro, Livros Técnicos e Científicos, 1977.*

Letieri, A. "A fábrica e a escola", in A. Gorz (org.), Crítica da divisão do trabalho, *São Paulo, M. Fontes, p. 193-209, 1980.*

Luziriaga, L. História da educação e da pedagogia, *São Paulo, Cia. Ed. Nacional, 14ª edição, 1983.*

Quaini, M. Marxismo e geografia. *Rio de Janeiro, Paz e Terra, 1979.*

Vesentini, J. William. "*O livro didático de geografia para o 2º grau: algumas observações críticas*", in Anais do 5º Encontro Nacional de Geógrafos, *Porto Alegre, Volume I, p. 199-209, 1982.*

_____. "Ensino da geografia e luta de classes", in revista Orientação nº 5, *Instituto de Geografia da USP, São Paulo, pp. 33-36.*

IDEOLOGIA DO NACIONALISMO PATRIÓTICO*

Vânia Rubia Farias Vlach

O discurso geográfico, que se insere em um conjunto mais amplo – o das ciências humanas – teria a peculiaridade de constituir-se no *discurso sobre* os (diferentes) lugares[1]. Nessa qualidade, integrou o sistema escolar que se compunha ao longo do século XIX. Era necessário estudar o *lugar* e o *tempo*... da burguesia industrial, no sentido de que o tempo e o lugar de uma determinada classe social *é* história. A Europa burguesa do século XIX, pelo fato mesmo de se "fazer" sobre os *vencidos* dos movimentos proletários de 1848 (entre outros), insere a *ideologia* em sua própria história.

No final do século XVIII, Lepelletier observou que "o sistema de educação nacional" seria a "peça mestra do novo regime político e social"[2], o que nos permite afirmar que há uma relação entre o regime instituído pela/e a partir da Revolução Francesa e a *escola* enquanto sua principal instituição. A nosso ver, principal instituição porque há uma relação entre saber e poder, ou seja, qualquer que seja o saber, ele não se desvincula das relações de poder que o engendraram. Nesse sentido, a escola, onde se exerce poder, através deste mesmo exercício do poder, também é o lugar em que o saber (pedagógico) se forma. Ou seja, "o exercício do poder cria perpetuamente saber e, inversamente, o saber acarreta efeitos de poder"[3].

Na verdade, é ao longo do século XIX, que a escola e a *escolarização* se firmam na Europa, e também nos EUA. É necessário explicitar

---

* *Trabalho publicado nos Anais do 4º Congresso Brasileiro de Geógrafos-AGB – São Paulo – julho de 1984 – livro 2, volume 1, pág. 13/21, sob o título de "A propósito da ideologia do nacionalismo patriótico do discurso geográfico".*

que isto se dá em um contexto mais amplo, que é o da *consolidação do Estado-nação* sob a hegemonia, no sentido gramsciano[4], da burguesia industrial.

A burguesia, agora também detentora do poder político, confundindo-se – ou quase – com o Estado-nação, constatou que só o poder repressivo, apoiado na força das armas, não bastava: a hegemonia (ou o poder espiritual) poderia ser obtida (e imposta) através da escola, porque esta permite a disseminação dos seus valores particulares, de classe, mas apresentados como valores universais, isto é, de todos. Dessa maneira, passou-se a implantar uma rede de escolas nos diferentes territórios europeus, e nos EUA. Mais importante que o âmbito nacional, entretanto, é o *caráter nacional* de que se revestiu a escolarização.

Pode-se afirmar que a ideologia do nacionalismo patriótico encontra-se na base desta escolarização na medida em que a burguesia, através de seus intelectuais, só defendeu a escolarização como um direito de todos e um dever do Estado quando conquistou o poder político, o que assinala a vinculação entre o saber e o poder.

O nosso contexto mais amplo é o século XIX em que, *pari passu* à consolidação do Estado-nação, ocorreu a vitória da burguesia na luta contra a Igreja Católica. A *secularização*, apoiada na *ciência* (contraposta à fé religiosa desde o iluminismo), foi mais uma razão para que o Estado passasse a escola para o seu controle (até então, sob o da Igreja). É assim que se pode entender porque foi exatamente a burguesia que enxergou no *professor* a contrapartida do sacerdócio religioso.

Consideremos, porém, o *Estado-nação*, em cujo interior o *status* individual, do homem burguês, passou a ser definido pelo *diploma*, mais um elemento a particularizar a instituição escolar.

O debate sobre o Estado-nação se desenrola em meio à *nação*, à *pátria*, ao *povo*, conceitos que, entre outros, a Revolução Francesa havia trazido à tona. A partir da derrota dos movimentos proletários de/em 1848, esses conceitos sofrem alterações no seio de uma ideologia: a do *nacionalismo patriótico*, que será utilizado por aqueles movimentos que estavam tentando fundar o Estado-nação ou consolidá-lo.

É necessário lembrar que, se o movimento do *romantismo* se colocou *contra* a Revolução Francesa, no sentido de que ela separou o mundano e o divino, acabando com as "bases físicas de uma convivência comunitária (religiosa) entre os homens"[5], este movimento considerava que a ideia de *nação* deveria ser retomada tendo em vista efetuar a harmonia entre homem e natureza; *natureza* de que se originaram o povo e a nação.

Assim, o romantismo defendeu o nacionalismo, o que nos impede de tachá-lo de movimento reacionário, ou antiburguês pura e simplesmente. Também privilegiou o Estado, na qualidade de *Eu* coletivo por excelência. O seu ideário, porém, era conservador.

O que ocorreu, efetivamente, é que a ideologia do nacionalismo patriótico não se definiu, nem se impôs, nem se disseminou de forma homogênea, embora, como toda a ideologia, tivesse por objetivo a homogeneização da realidade.

Marilena Chauí[6] observa que esta ideologia foi defendida, de um lado, pelo *Estado*, que a desenvolveu a partir de Napoleão e de Ratzel. Napoleão afirmou que "a política de um Estado está em sua geografia"[7] e Ratzel defendeu o "espaço vital". Por conseguinte, do lado do Estado, esta ideologia desemboca na *geopolítica*, que não é objeto de nossa análise no momento. Do lado da *sociedade*, a ideologia do nacionalismo patriótico foi defendida pela *classe média*, beneficiada pela expansão da rede escolar, e pelos *movimentos de jovens*, inspirados por Giuseppe Mazzini e formados a partir de 1830, com o propósito de "salvar o mundo".

Apesar da atuação diferenciada do Estado e da sociedade, o que é fundamental é que os seus percursos acabaram por se encontrar e, deste encontro, resultou a formação do Estado-nação, consolidado a seguir. Embora não tenhamos a pretensão de discutir esse processo, sua referência é necessária para se entender o significado da escola e a contribuição particular da geografia. Tanto assim que acabamos de dizer que o nacionalismo (também) vingava entre as classes educadas, isto é, "as escolas e especialmente as universidades se tornavam seus defensores mais conscientes"[8].

O Estado-nação, recém-constituído ou consolidando-se, valeu-se daquelas instituições que lhe permitiriam a imposição da nacionalidade, definida pela classe dominante: a escola, o serviço militar obrigatório, bem como a definição de uma *língua nacional* por parte de cada "país" europeu, destacando-se o fato de, após 1830, os *livros didáticos* e os jornais passarem a ser impressos no idioma nacional pela primeira vez.

Para que se aquilate a importância da língua, basta citar as reflexões de Pierre Clastres, segundo o qual "a extensão da autoridade do Estado se traduz pelo expansionismo da língua do Estado, o francês"[9] – o autor refere-se particularmente à França.

Ora, foi à escola que coube, igualmente, a disseminação da língua oficial de cada Estado-nação europeu, por sua vez resultante deste mesmo processo amplo de imposição do nacional. Ou seja, as escolas e outras instituições do Estado (como o serviço militar obrigatório), impunham uma "língua de instrução", através da qual "impunham também uma cultura, uma nacionalidade"[10].

Paralelamente, mais importante que o ensino da língua e das noções de aritmética, era fundamental a imposição de *determinados* valores. E aqui entrariam a história (*do vencedor*, isto é, a apologia cronológica dos heróis nacionais) e a geografia (*do lugar*, isto é, o discurso sobre o objeto).

Geografia, história, língua: eis as "ferramentas" – distintas, mas complementares entre si –, da burguesia para, via escola, criar a unidade do Estado-nação. Acreditamos que a delimitação geográfica das fronteiras da nação (caracterizada pela tradição comum e pela mesma língua), isto é, do território, foi um dos principais pontos de sustentação do Estado nacional, preocupado com o movimento do capital, que ora reclamava uma *unidade* (interna) e uma *independência* (externa) nacionais, simultaneamente.

Na medida em que estava em jogo a imposição da nacionalidade, seria necessário suprimir as *diferenças* internas, isto é, sociais, sem o que não se *forjaria* a unidade nacional. É preciso ocultar a divisão social para que se crie uma comunhão (artificial) entre aqueles que nasceram em um mesmo *lugar*, falam a mesma *língua*, têm a mesma *tradição*. Porém, esse *Mesmo* é resultado de uma violência; pois o *Outro* (as outras línguas, ou dialetos, as outras tradições, as outras "fronteiras") foi negado. Ou melhor: reduzido (ao folclore), portanto descaracterizado enquanto sujeito da sua própria existência, mas *objetivado* (e objeto não faz reflexão) e, nessa qualidade, "assimilado" pela cultura nacional oficial. É nesse sentido que a afirmação do *Um* é violenta e destruidora. Nada consegue escapar continuamente à lógica do capital, embasada no *princípio da identidade*, que é a sua razão de ser porque *torna igual o que é desigual*, isto é, homogeneiza tudo e todos no mercado (fantástico mundo das mercadorias!).

Ao delimitar o Estado-nação pelo seu território, isto é, pelas características do seu quadro natural, com base no princípio da identidade, a ideologia inverteu o real, pois o *sujeito* (a sociedade, de classes) foi substituída pelo *objeto* (a natureza, ou o território), no caso da geografia. Ocorre que esta inversão implicou (e implica) ausência de reflexão (geográfica) ao nível da epistemologia, pois apenas o sujeito é capaz de *reflexão*. E de fazer história.

A quem interessava então a ausência de reflexão, senão a um Estado de classes? Afinal, o discurso sobre os lugares (internos e externos a um Estado-nação) conduz a uma total despolitização, de maneira a não se questionar a expansão (*latu sensu*) do Estado capitalista. "Pode-se adiantar a hipótese de que o discurso nacionalista reforçou a parte dos elementos físicos, porque ele utilizou sempre com ênfase a gama das causalidades deterministas, a partir dos dados naturais"[11]. E é este discurso nacionalista (determinista, positivista) que assinalou a "função patriótica do ensino da Geografia"[12].

Aproveitando o ensejo: no contexto do romantismo alemão, em meio a um território extremamente fragmentado, com diferenças acentuadas entre a Prússia dos *junkers* e a Renânia dos burgueses industriais, Humboldt recebeu (e aceitou) a tarefa de organizar a Universidade de Berlim, nos primeiros anos do século XIX, com o seguinte objetivo: "promover a unidade nacional, harmonizando sua consciência científica, política, religiosa, militar"[13]. Acresça-se que Wilhelm von Humboldt, ao ter escolhido o projeto de Schleiermacher, que enfatizou uma síntese entre a razão e o sentimento religioso (ao invés de propor uma transformação "brusca" da realidade alemã), e ter recusado o projeto de Fichte, mais radical no sentido de que desejava uma total e imediata secularização da Alemanha via Estado, favoreceu a "neutralidade" da universidade; da ciência, por conseguinte (que não deixou de servir ao Estado-nação alemão que se cristalizaria em 1870).

De qualquer forma, a secularização acabou vitoriosa no decorrer do século XIX em toda a Europa, atingindo não só as classes médias letradas, mas, com o passar do tempo, as classes proletárias, em diferentes ritmos e graus de intensidade.

Já observamos que a ciência garantiu mais esta vitória da burguesia. Aliás, desde o século XVIII, pode-se falar em um outro culto, que é a *fé* na ciência, criada pelos iluministas, que se opuseram à fé católica apoiados no saber racional. E, já na última quarta parte do século XIX, a ciência era a principal força produtiva.

Assim, e fundamentalmente, o século XIX assinala a substituição da religião pelo conceito de nação, que apoiada na *razão*, "tornou-se um princípio diretor"[14] da história contemporânea (daí termos tentado caracterizar a ideologia do nacionalismo patriótico, que desembocou no Estado-nação). Ainda que, aparentemente, este nacionalismo – observa o próprio Max Horkheimer – "não (tenha) sido capaz de inspirar nas massas a fé vital que a religião lhes deu"[15].

Entendemos que estas reflexões, ainda que sumárias e limitadas ao século XIX, são importantes na medida em que o discurso científico, de uma maneira geral, e o geográfico, em particular, integram (até mesmo quando criticam) o contexto histórico mais amplo, em que diferentes interesses (políticos, econômicos, sociais) estão em jogo.

Por isso mesmo, já se verificou que não poucas vezes, foi o próprio discurso chamado científico que desbravou a trilha que acabou conduzindo à dominação política pelo uso da força.

De outro lado, a dominação política do Estado precisa lançar mão cada vez menos da força repressiva, entre outras razões porque dispõe de *instrumentos* de persuasão muito mais sutis e eficazes no que tange ao controle social. Daí a importância (ainda, porque já questionada há algum tempo) da escola. Uma escola que, embora criada para servir ao Estado-nação, pode, por isso mesmo, *de/por dentro*, se recusar à *repetição* de um conhecimento já elaborado, isto é, *instituído*. Porque o instituído nega inclusive a possibilidade do *Outro*, ao reduzir o sujeito a objeto, em nome de uma "harmonia teórica", isto é, a pretexto de uma unidade entre natureza e sociedade (no caso da geografia). Ou porque o princípio de identidade homogeneiza o que é desigual, de forma que a decantada igualdade dos homens (no mercado) nada mais signifique que a possibilidade de *dominação* de uma maioria por uma minoria (escamoteada sob a dominação da natureza).

A geografia (mas não só ela), tendo substituído o sujeito pelo objeto, e primado pelo *conhecimento* (fragmentado, por isso mesmo determinista e positivista), comprometeu-se a fundo com a ideologia do nacionalismo patriótico, de que o seu conteúdo programático e o seu livro didático ainda estão prenhes.

Desmistificar essa ideologia, que está na base do próprio sistema de escolarização implantado pelo capitalismo no século passado (Em que medida ainda serve? Ou não serve mais? Por que?)[16] é o primeiro passo da *crítica interna*. Caminhando da ideologia à crítica interna, é possível chegar ao *pensamento*, isto é, ao instituinte, que pode dar conta do *Outro* na medida em que a razão, não mais instrumento da dominação, *não* manipule o real *de fora*, como se o mundo fosse uma realidade a ser contemplada por um sujeito (do conhecimento, da política) neutro. Afinal, o "pensamento de sobrevoo"[17] tem servido apenas ao poder e saber vigentes. Cumpre, por conseguinte, não incorrer em doutrina, em transformar a *diferença* em uma corrente (filosófica e política), porque a tendência de qualquer corrente é no sentido de desviar o intelectual da mudança, o que frequentemente a torna dogmática.

NOTAS

1. Vlach, V. R. F. O ensino da Geografia e a imagem da Pátria. *Mimeo, apresentado no II Encontro Regional de Geografia, realizado em Londrina (29/3 a 1/4/84)*.
2. Cf. Cunha, L. A. Educação e Desenvolvimento Social no Brasil. *Rio de Janeiro, Livraria Francisco Alves Editora S/A, p. 43, 1981*.
3. Foucault, M. Microfísica do Poder. *Rio de Janeiro, Graal, p. 142*.
4. V. Gramsci, A. Os intelectuais e a organização da cultura. *Rio de Janeiro, Civilização Brasileira, 1982*.
5. Romano, R. Conservadorismo romântico. Origem do totalitarismo. *São Paulo, Brasiliense, p. 9, 1981*.
6. V. Chauí, M. de S. Seminários *(O Nacional e o Popular na Cultura Brasileira), São Paulo, Brasiliense, 1983*.
7. Cf. Chauí, M. de S., op. cit., *p. 31*.
8. Hobsbawm, E. J. A era das revoluções. Europa 1789 – 1848. *Rio de Janeiro, Paz e Terra, p. 154, 1981*.
9. Clastres, P. Do etnocídio in Arqueologia da violência. Ensaio de Antropologia Política. *São Paulo, Brasiliense, p. 58, 1982*.
10. Hobsbawm, E. J. A era do capital. 1848 – 1875. *Rio de Janeiro, Paz e Terra, p. 115, 1982*.

11. Brabant, J. M. Crise da Geografia. Crise da escola. *Nesta antologia.*
12. Brabant, J. M. op. cit.
13. Romano, R. Democracia e Universidade. Interpretação e Mundo na tese XI contra Feuerbach – considerações para a crítica da "prática-prática". *Cadernos de Debate 8, Descaminhos da Educação Pós-68.* São Paulo, Brasiliense, p. 62, 1980.
14. Horkheimer, M. Eclipse da Razão. *Rio de Janeiro, Editorial Labor do Brasil S/A, 1976*.*
15. Horkheimer, M. op. cit., p. 127.
16. Não é à toa que o texto de Brabant, acima referido, intitula-se *"Crise da Geografia, crise da escola".* Vide também o texto de Lacoste, I. *"Eliminar a Geografia... eliminar a ideia nacional?"* Hérodote nº 2, abril/junho, Paris, 1976 (tradução nossa, p. 9 - 78), entre outras de suas publicações.
    * Vide também Chauí, M. de S., op. cit., p. 43.
17. V. Merleau-Ponty, M. Textos Selecionados. *Coleção Os Pensadores.* São Paulo, Abril Cultural, 1984.

ESTADO NACIONAL E CAPITAL MONOPOLISTA*

Douglas Santos

"Dirijamo-nos diretamente para o mundo, para as coisas, para o conteúdo. Libertemo-nos de todos os traços do formalismo; de todas as obscuras sutilezas da metafísica reconvertida – como na Idade Média – em escolástica abstrata; de todos os seus "problemas" insolúveis. Sejamos resolutamente modernos. Se o real é contraditório, então que seja o pensamento consciente da contradição."

(Henri Lefebvre – *Lógica Formal, Lógica Dialética*)

É AQUI QUE COMEÇAMOS A DISCUTIR O ESTADO, CATEGORIA CENTRAL DA GEOGRAFIA, QUE FINGIMOS NÃO PERCEBER.

Geralmente, as introduções têm o objetivo de dar ao leitor algumas pistas sobre o texto que ele se prepara para ler e, a partir daí, desempenham a dúbia tarefa de fornecer aos leitores interessados um roteiro e evitar que os desinteressados leiam tudo, para chegar à triste conclusão de que só perderam tempo.

Em respeito ao leitor, quase faremos o trivial (já que não queremos aqui romper com esse tipo de tradição), com a diferença de que

---
* Trabalho publicado na revista Terra Livre – nº 1 – ano 1 –1986 – AGB – São Paulo, pág. 53/61.

aproveitaremos essa introdução para tratar de alguns temas que não farão parte do texto central, e, no sentido de garantir a ordem lógica do pensamento, omitiremos aqui coisas que terão realce no texto central. Perdoem-nos os leitores, mas não conseguimos desistir da ideia de que o suspense tem efeitos que ultrapassam a literatura policial.

Nossa preocupação está relacionada com o desvendamento do discurso que, em linhas gerais, tem fundamento na geografia e que se manifesta num conjunto bem diversificado de fontes, desde os jornais até as teses acadêmicas, desde os livros didáticos até os palanques político-partidários.

Nosso tema central é o Estado. Não este ou aquele Estado, mas o Estado enquanto categoria, enquanto institucionalidade geral do controle e fonte da ideologia da dominação.

O que vem a ser isso? Vamos por partes:

Em primeiro lugar, o Estado aparece como ponto de referência dos mais complexos. Confundindo Estado com nação (onde nem sempre é possível se falar em nacionalidade) e país, vivemos afirmando que pertencemos a esta ou àquela nacionalidade, a qual se circunscreve nas fronteiras do "nosso" Estado. Ser brasileiro, norte-americano, canadense, italiano ou alemão ocidental, coloca-nos dentro de um certo domínio econômico-político que nem sempre se confunde com nacionalidade.

Em segundo lugar, há de se observar que mais que a nação é o Estado-país o centro da linguagem geográfica. Os cartogramas, os textos e, principalmente, os manuais partem do princípio de que a divisão do mundo em Estados nacionais é dada pelo real-evidente (no caso, o objeto) estudado. Na nossa linguagem mais comum, temos a todo instante o pudor de conferir se o Estado do qual falamos conserva o mesmo nome ou a mesma capital, não importando quem ou o que pode garantir mudanças ou estabilidade em tais casos. Realçamos, ainda, um outro fator que sempre nos obriga a atualizarmos nossos atlas: a transitoriedade das fronteiras. Cuidadosos que somos em não traçar fronteiras em rios meandrados, não há como entender que, mesmo calcadas em fenômenos físicos mais perenes, as fronteiras sejam tão móveis.

Em terceiro lugar, temos de nos ater ao discurso político mais comum, onde a confusão parece ser ainda mais aguda, pois, como num passe de mágica, homogeneiza-se o não homogeneizável, isto é, quando os que concentram o poder do Estado falam em nome do povo de um certo país, escondem que falam em nome dos que detêm o poder, sendo, portanto, muito difícil de aceitar que governantes, lixeiros, camponeses, latifundiários, industriais e operários tenham todos os mesmos interesses e incluam-se num único discurso. Esconde-se por trás do Estado a farsa que permite ver como único o que é múltiplo, como igual o que é desigual, como inteiro o que está profundamente partido. A importância dessa confusão vai mais além. Ela estabelece uma estranha relação entre pronomes. A partir do Estado, identificamos quem somos "nós" e quem são "eles", conseguimos diferenciar-nos de "outros" povos, confundimos Estado, nação e país com classe social. Se as contradições em cada Estado nacional se expressam pela divergência de interesses entre classes e/ou frações de classe, a nível "inter" nacional, passa-se por cima dessa realidade e joga-se o conflito para o plano da nacionalidade. Se falamos em imperialismo norte-americano, por exemplo, estamos identificando os EUA como uma unidade, perdendo de vista as relações de classes desse país e colocando o mendigo e o financista como igualmente imperialistas, como se ambos usufruíssem em pé de igualdade as relações de exploração e, ainda mais, escondemos aqui que as relações de exploração ocorrem, por determinação geográfica, de forma localizada e, portanto, se algo possibilita o deslocamento de volumes constantes de trabalho para fora de seu local de origem, há de se pressupor que nesse local há relações que não só permitem como viabilizam esse deslocamento.

Dito isso, voltemos ao discurso geográfico: dando razão a Lacoste e a sua definição da geografia dos professores[1], temos de dar a mão à palmatória e reconhecer que o pressuposto básico da divisão territorial do mundo é, no mínimo, dinâmico, o que nos obriga, perante nossos alunos, a explicações maiores que a mera identificação cartográfica dos Estados nacionais com sua infinita listagem de dados estatísticos.

Como se não bastasse, com a aceitação sumária da divisão territorial do mundo em Estados nacionais, continuamos indefinidamente tal processo, aceitando, também de forma sumária, outras dicotomias, como a expressa na divisão cidade/campo, cidade grande/cidade pequena, região industrial/região agrícola. Não há como não se preocupar com o fato de que ensinamos "Geografia do Brasil" partindo da divisão regional proposta pelo IBGE, sem sequer nos questionarmos acerca da funcionalidade de tal divisão.

DA DIVISÃO SOCIAL À DIVISÃO TERRITORIAL OU O ESPAÇO GEOGRÁFICO E A RELAÇÃO DAS CLASSES MEDIADA PELO JURÍDICO-POLÍTICO (ESTADO).

Ao que parece nossos olhos já se acostumaram com a desigualdade! Nada mais "natural" que o fato de alguém cozinhar e outro alguém comer; há os que constroem e os que moram; há os que se apropriam do lucro e os que produzem a riqueza. Se, como afirmam os religiosos, "somos todos irmãos", poucos são os primogênitos, e a grande maioria tem de contentar-se em "fazer parte da família".

Sabemos que a sociedade, na forma como hoje a conhecemos, não passa da conjunção de desiguais, e que, por motivos que merecem uma boa discussão, é essa desigualdade, aparentemente natural, que permite que nosso sistema funcione. Assim, vemos confirmado no nosso cotidiano a velha dúvida dos intelectuais (reconhecidos ou não): se todos escrevessem artigos, como esse "autor", quem recolheria o lixo de "nossas" casas?

Aliás, a reflexão sobre a desigualdade não é nova: São Paulo, na primeira carta aos Coríntios, dizia:

"Também o corpo não se compõe de um só membro, mas de muitos. Se o pé dissesse: 'por que não sou a mão não pertenço ao corpo', deixaria por isso de pertencer ao corpo? Se todo o corpo fosse olho, onde estaria o ouvido? (...) Os membros do corpo que nos parecem menos honrados, são os que cercamos de maior honra (...). Vós sois o corpo de Cristo, membros cada um por sua parte. A alguns, Deus estabeleceu na Igreja primeiramente apóstolos, em segundo lugar profetas, em terceiro doutores; em seguida, o poder dos milagres, depois os dons de curar, de assistir, de governar, a diversidade das línguas. São todos apóstolos? Todos profetas? Todos fazem milagres? (...)" (I Coríntios – 12, 14 – 17 a; 22, 27-29).

É Paulo ainda, na sua carta aos Colossenses, que afirma: "Servidores, obedecei em tudo a vossos senhores aqui na terra (...). Senhores, tratai vossos escravos com justiça e equidade". (Colossenses – 3, 22 a 4, 1a).

Para Paulo, a desigualdade devia ser respeitada, afinal o "papel" de cada um é sagrado, e tudo não passa de uma escolha pessoal de Deus, que atribui a cada homem uma tarefa ou exige que cada homem seja um bom escravo, bem tratado pelo seu Senhor.

Muito antes da era cristã, já se vivia a desigualdade: homens nos campos produziam para os da cidade; escravos para senhores, bárbaros para romanos, e, não há dúvidas para a historiografia, cada um, em relação ao conjunto dos diferentes, produzia e reproduzia o espaço dos iguais. A necessidade de controlar os escravos agremia os senhores, a necessidade de produzir para os senhores agremia os escravos, e é na divergência/convergência de espacialidades desiguais que as civilizações se constroem e se destroem[2].

O proprietário de terras não olha sua propriedade com os mesmos olhos do escravo, o discurso geográfico do senhor não é o mesmo que o do serviçal, mas, sem dúvida, as duas visões determinam a espacialidade das relações entre dominados e dominantes.

Para não ficar num único exemplo, poderíamos afirmar ainda que o espaço dos que vão ao trabalho de ônibus e dos que vão de carro não é percebido da mesma maneira, ainda que o percurso seja o mesmo. É fácil notar que o agricultor que ara a terra com a força do boi e o que ara com a força do trator mantém relações diferenciadas com seus trabalhos, das quais nasce a noção de pouco e muito, grande ou pequeno, produtivo e improdutivo, caro e barato, mas a totalidade não é senão conjunção de fatores divergentes e/ou diferentes, cuja resultante é a sociedade em que vivemos, e esta constitui a geografia de todos nós.

Acontece que o que dissemos acima não basta para atingir o que queremos e, portanto, temos de ir além.

Partimos, então, do fato de que a desigualdade tem sua especialidade e que esta especialidade é a própria dinâmica da sociedade. Por trás da lógica do espaço está a lógica da própria sociedade, e, se a sociedade é desigual, consequentemente o espaço será o espaço da desigualdade.

Não há o que estranhar em tudo isso: um é o que vive no deserto, outro é o que vive na floresta; um é o camponês, outro é o operário fabril: um é o que vive na tribo, outro é o que vive na cidade. Determinismo geográfico? Não! O que buscamos é a geografia enquanto estudo de determinações! É na medida em que homem e natureza são faces de uma mesma moeda, em que suas relações são agentes/pacientes das relações homem/homem que se tem o espaço. Ou temos a dinâmica histórica de tais relações ou não temos geografia.

"O caráter simultâneo e articulado dessas interações pode ser expresso nos seguintes termos: *os homens entram em relação com o meio natural através das relações sociais travadas por eles no processo de produção de bens materiais necessários à existência* (...). Decorre do exposto, que é o processo de produção dos bens necessários à existência humana, no bojo do qual se dão tais interações, que lhes confere unidade" (Moreira, Ruy. A geografia serve para desvendar máscaras sociais. *In: Território Livre* nº 1 p. 9 – grifos no original).

Façamos um resumo do raciocínio percorrido até aqui, para organizar nossa discussão: afirmamos que as inter-relações se dão pela e na via da produção da sobrevivência. Claro está que tais limites estabelecem, antes de tudo, a qualidade pela qual se definem as determinações que buscamos. Consideremos, então, que o ato de lutar para sobreviver, no seu sentido mais amplo, é a origem da espacialidade. Trocando em miúdos, o ser humano promove certas características qualitativas para viver, tais como a reprodução de si próprio, a manutenção da vida pela produção/consumo de bens e serviços, a sociabilidade enquanto meio e fim dessas relações anteriores. Como já afirmamos antes, viver sob a égide do escravismo significa produzir e reproduzir relações escravagistas, viver e sobreviver de e para o escravismo, pensar, andar, amar, produzir, consumir e mais uma infinita lista de verbos que se conjugam de e a partir de relações escravagistas. Para confirmar nossas palavras e compreender toda a sua amplitude, teremos de dizer que viver sob o capitalismo significa "conjugar verbos" de e para o capitalismo. Isto é, há uma geografia do escravismo e uma geografia do capitalismo, pois são espacialidades cujas fontes primeiras são diferentes: as inter-relações que permitem a apropriação ou não da vida não são as mesmas[4].

Já temos aqui algumas pistas sobre as quais podemos caminhar. Nosso próximo passo deve incluir mais algumas ideias: A primeira diz respeito a uma definição mais precisa do "como" acontecem as relações em cada contexto historicamente definido. A segunda, "mera decorrência", leva-nos a refletir a espacialidade de tais relações sem nisso excluir o fato de que, na medida em que avança o "como" de cada processo, ocorrem mudanças de caráter espacial e, portanto, que as relações homem/homem e homem/natureza se transformam quantitativa e qualitativamente.

Analisemos tudo isso com mais vagar.

Aquilo que acima chamamos de "diferença", "diversidade nas relações entre os homens no processo de produção e reprodução da vida", pode ser melhor entendido se observarmos que, além das diferenças individuais (cor dos olhos, cabelo, impressões digitais), existe na sociedade uma certa homogeneização de certos coletivos.

Um conjunto de pessoas, diferentes entre si quanto a certos traços, tem em comum a forma pela qual produzem e se apropriam da produção social dos meios de sobrevivência. Senhores e escravos, burgueses e operários, latifundiários e camponeses, senhores e servos, enfim, diferentes formas da população se agrupar em coletivos frente ao modo de apropriação dos meios de vida. É observando essa divisão em classes, que poderemos entender as vias pelas quais há identidades e diversidades fundamentais nas relações entre os homens[5].

Os homens, identificáveis individualmente, também o são na sua forma coletiva, pois têm de viver de forma mais ou menos independente da individualidade as regras do jogo que reproduzem as condições necessárias à manutenção de si mesmos enquanto indivíduos e enquanto classe. Em outro limite de tais relações deverão, então, a partir dessas mesmas relações (pois não têm alternativa), viver os passos da sua própria destruição enquanto classes.

São, portanto, essas diferentes inserções coletivas no processo de produção/apropriação da sobrevivência que chamaremos de divisão social do trabalho.

Mas... o que tem a ver a classe social e divisão social do trabalho com a geografia?

53

Para entendermos melhor o problema, devemos partir do princípio de que classe social existe realmente, isto é, não é mera imaginação de um conjunto de autores de contos de fadas. Quando falamos em classe social, estamo-nos referindo a um conjunto concreto de pessoas concretas que nascem, crescem (ou não), se reproduzem (ou não), e morrem sob determinadas condições social e historicamente definidas, condições essas que extrapolam a vontade individual, ou melhor, que podem expressar-se até como vontade individual, mas que, na verdade, se identificam com os anseios de todo um grupo de pessoas, conhecidas e desconhecidas, as quais, de forma pública e/ou privada, colocam "suas" vontades em ação, garantindo dessa maneira a existência/reprodução de sua classe.

Vejamos o caso dos capitalistas e operários: uns e outros existem enquanto indivíduos e enquanto classes. Se, em pleno Império Romano, um indivíduo quisesse ser capitalista ou operário, na forma como o conhecemos hoje, não o conseguiria, pois sua individualidade ainda não existia enquanto classe, assim como, mesmo que possamos premiar este ou aquele capitalista pelo sucesso de suas decisões pessoais e a este ou àquele "operário-padrão", pelo sucesso pessoal no cumprimento de suas tarefas, o arrojo pessoal não passa de expressões individualizadas de condições coletivas sem as quais o mais arrojado dos homens não passaria de um visionário.

Se entendermos que as classes sociais existem realmente, nada mais simples que entender sua territorialização.

Se as classes sociais são formadas por pessoas concretas, com um conjunto de ideias e ações reais, não há como retirar tais seres reais de sua territorialidade. Isto é, esses indivíduos-coletivos geram um espaço físico; têm peso, largura e altura, movem-se e têm atitudes concernentes a sua situação de classe; têm, portanto, sua própria espacialidade.

A condição da produção dessa espacialidade é a territorialidade, isto é, para que a classe exista enquanto tal é preciso que ela exista em algum lugar. Assim sendo, a produção do conhecimento geográfico só pode ser feita na medida em que leve em consideração a espacialidade, isto é, a territorialidade da dinâmica própria de cada classe e das classes entre si, pois a produção do espaço numa sociedade de classes está submetida às relações dessas classes.

Temos ainda de realçar que, se a existência das classes se expressa por uma divisão social do trabalho, e se tal divisão, por força mesma de sua realidade, se territorializa, nada mais justo que falarmos de uma divisão territorial do trabalho.

Por outro lado, a divisão social do trabalho se expressa, na sua origem, pelo distanciamento entre o trabalho intelectual e o manual, entre quem produz política e quem produz alimentos. O que dizer, então, da seguinte afirmação:

"A maior divisão entre o trabalho manual e o trabalho intelectual é a traduzida pela separação entre cidade e campo" (Marx, K. e Engels, F. A Ideologia Alemã, 4ª ed., Lisboa, Presença, v. 1, pág. 62).

As classes sociais, ao se especializarem, territorializam-se e é na origem da divisão do trabalho que reside uma questão espaço/território chave: a questão cidade/campo[6]:

"A oposição entre a cidade e o campo surge com a passagem da barbárie à civilização, da organização tribal ao Estado, do provincialismo à nação, e persiste através de toda a história da civilização até os nossos dias (...) A existência da cidade implica imediatamente a necessidade da administração, da polícia, dos impostos etc., numa palavra, a necessidade da organização comunitária, partindo da política no geral. É aí que aparece em primeiro lugar a divisão da população em duas classes, divisão essa que repousa diretamente na divisão do trabalho e nos instrumentos de produção.

A cidade é o resultado da concentração da população, dos instrumentos de produção, do capital, dos prazeres e das necessidades, ao passo que o campo evidencia o fato oposto, o isolamento, a dispersão. A oposição entre a cidade e o campo só pode existir no quadro geral da propriedade privada; é a mais flagrante expressão da subordinação do indivíduo à divisão do trabalho, da subordinação a uma atividade determinada que lhe é imposta (...)." (Marx, K. e Engels, F. op. cit., pág. 61).

Temos aí então, a expressão territorial acabada e com retoques, da divisão do trabalho nas sociedades de classes, segundo Marx e Engels.

O que ainda nos falta observar é que tal divisão deve ser vista sob dois aspectos, que se interdeterminam: 1) a divisão entre o trabalho manual e o intelectual, comum a todas as sociedades de classes, aprofunda-se dentro do capitalismo em seu aspecto técnico; 2) o processo necessário à produção circulação da sobrevivência sob o capitalismo implica uma constante divisão de tarefas, não só na produção de um só produto (a linha de produção), mas também na produção total de bens e serviços onde a sobrevivência de cada um depende de um complexo conjunto de tarefas individuais e coletivas. Podemos, então, debruçar-nos sobre a reflexão que Lipietz nos apresenta quando afirma a existência de: "Uma divisão 'horizontal', a divisão entre ramos de atividades; a divisão cidade-campo; a divisão interurbana; a divisão entre comunidades (locais, nacionais e internacionais), etc.; uma divisão 'vertical' entre grupos sociais dominantes e dominados, presentes no processo de trabalho dos mais variados setores e que, na base econômica, definem-se em relação à posse ou não dos meios de produção.

Na verdade, há interação entre divisão social e divisão técnica do trabalho. Na divisão 'horizontal' está contida a divisão 'vertical', que subordina a expressão econômica, política e social das atividades e, consequentemente, dos sujeitos coletivos (exploradores e explorados, dominantes e dominados) que as integram.

Qualquer processo de trabalho, em suas etapas intelectuais ou na produção *strictu senso*, implica a utilização de meios materiais, que têm uma dimensão espacial, o que leva a divisão social e técnica do trabalho a ter uma dimensão territorial. Essa divisão territorial, não sendo alheia aos dados objetivos representados pela diversidade das condições naturais, é a divisão espacial das formas de divisão social do trabalho". (Goldenstein, Lea e Seabra, Manuel. "Divisão Territorial do Trabalho e Nova Racionalização". In: *Revista do Departamento de Geografia*, USP, nº 1, p. 21[7]).

ONDE FALAMOS EM MODOS DE PRODUÇÃO, FORMAÇÃO ECONÔMICO-SOCIAL E FORMAÇÃO ESPACIAL PARA AMPLIAR AINDA MAIS OS DADOS DE QUE DISPOMOS PARA ESTA DISCUSSÃO.

Produzir parece ser a palavra de ordem de todos os tempos. O que diferencia os tempos e os espaços não é o ato em si de produzir, mas sim o modo pelo qual o homem produz, isto é, o modo de produção.

Clãs, tribos, *gens*, nações, identificaram-se e se "estranharam" através dos tempos pela forma com a qual conseguiam responder a seus corpos, mentes, filhos e velhos a pergunta básica da vida: como sobreviver? Sobreviver não é uma mesma coisa em todos os tempos e lugares. O homem tem a seu favor (ou contra si) o fato de fazer história. Seu trabalho, por isso mesmo é trabalho, implica em imprimir novos contornos qualitativos à cata de alimentos, ao pastoreio, à agricultura, à manufatura, à cibernética. O trabalho é um fenômeno humano e como tal histórico (e vice-versa), tendendo a aumentar cada vez mais o número de variáveis e de determinações, abrangidas pela definição do trabalho socialmente necessário à vida. Essas determinações, por sua vez, se definem pelas "duas direções" de uma única estrada: a relação homem/homem e a relação homem/natureza, sendo que tanto uma quanto outra se interdeterminam.

O homem faz sua história na medida em que transforma, quantitativa e qualitativamente, as relações entre ele próprio e a natureza; para isso precisa transformar, em maior ou menor velocidade, as relações entre ele mesmo e o próximo[8].

A árvore que cai sob a força de um raio traz consigo determinações, do ponto de vista qualitativo, diferentes daquela que cai sob a força de um machado, e vale lembrar, diferente é a qualidade da que cai sob a ação de uma motosserra.

A determinação não se refere ao ato de cair, mas ao "como", "porque", "para quem" e "para que" cai a árvore. A primeira (muito provavelmente) será alimento de outras árvores, a segunda e terceira, em velocidades diferentes, poderão transformar-se em cama, mesa, casa ou papel (aqui pouco importa), mas sob as condições capitalistas serão mercadoria.

"A 'primeira natureza' somente é incorporada ao espaço geográfico quando absorvida pelo processo da história. Daí decorre que sua importância geográfica resulta sobretudo do fato de situar-se no próprio âmago da natureza social do espaço, sendo esse âmago o trabalho social." (Moreira, Ruy, *op. cit.*, p. 7).

Bem... já vimos então que a história implica em responder "como", "por que", "para quem", "quando", ocorrem as relações homem/natureza e homem/homem e como cada uma e o conjunto de tais perguntas são respondidas pelas ações concretas dos homens e da própria natureza (na medida mesma em que a natureza é forçada pelos homens a adquirir características da demanda social) através de sua territorialização em múltiplas e diferenciadas inter-relações.

Se temos em mente a forma pela qual os homens se relacionam com a natureza e entre si, teremos o agente pelo qual é possível compreender e escolher a melhor forma de elaborar (teoricamente) a geografia: precisamos, portanto, definir o chamado modo de produção, de qual modo de produção estamos falando e quais são suas regras gerais.

Vamos considerar então o capitalismo como o modo de produção que nos interessa diretamente, pois é nele que vivemos e é dele que tiraremos as ideias centrais necessárias ao nosso tema. Pois bem, o que é, afinal de contas, o modo de produção capitalista?

Cremos que para nosso objetivo bastaria afirmar que o capitalismo é a forma mais complexa que a história do homem já elaborou na luta pela sobrevivência. Sua característica básica é a transformação de todas as relações em mercadorias e seu objetivo, a acumulação do capital.

No capitalismo, o trabalho, a terra, a matéria-prima, os meios de produção, a arte, o conhecimento científico, a comunicação de massa etc., têm como característica dominante o fato de serem mercadoria, isto é, de serem produzidos para o mercado. Além do valor de uso característico de todos os produtos do trabalho, tudo adquire um valor de troca, um preço, um valor resultante da média do trabalho social necessário à produção[9]. Tal característica, embora peculiar a um certo modo de produção, faz parte da nossa vida e é por nós encarada como a única forma real e eterna – é nessa incorporação que se coloca o "segredo" da possibilidade histórica de se acumular capital.

Está no fato de também a força de trabalho do homem ser mercadoria, com a característica particular de ser a única mercadoria que produz mercadorias, que se pode extrair no processo global da produção/reprodução o lucro e, ainda, transformar uma parte desse lucro em capital[10].

Se temos em mente a noção de modo de produção, logo perceberemos que se trata de uma categoria de suma importância na nossa análise, mas que não corresponde às diversas realizações concretas, aos diversos aspectos que a realidade toda assume ao realizar tal modo de produção e, consequentemente, devemos buscar a ajuda da ideia de formação econômica e social.

Por formação econômica e social entendemos aqui a expressão historicamente definida das múltiplas determinações que, ao mesmo tempo, individualiza e dá as condições necessárias a algo de pertencer à unidade que é o modo de produção. Fazendo um paralelo lógico de cunho puramente didático, poderíamos afirmar que da mesma maneira que a categoria "humanidade" é por demais geral para caber neste ou naquele homem, isto é, num homem particular, com características que o individualizem do "resto" da humanidade, tal categoria tira essas características de uma expressão multiplamente determinada por sua inserção na abstração. Em outros termos, a individualidade é a característica particular do geral e é através de tal relação que podemos afirmar que este "homem" é "homem" e que pertence, portanto, à humanidade. Da mesma maneira, é através do modo de produção que podemos entender as particularidades da formação econômica e social e é na formação econômica e social que encontramos os meios necessários para ampliar nossa compreensão acerca do modo de produção. Portanto, a "Formação Econômica e Social é uma estrutura que combina o entrecruzamento das contradições nucleares dos Modos de Produção que contém". (Moreira, Ruy. *Movimento Operário e a Questão Cidade e Campo no Brasil*. 1ª ed., Vozes, p. 34, 1985)[11].

E aqui podemos dizer que o desenvolvimento histórico dos diversos modos de produção conhecidos pela humanidade é fator determinante para a formação econômica e social. Na "mão invertida", o modo de produção é o fator hegemônico na determinação da dinâmica da formação econômica e social, ou seja, das relações entre os modos de produção nucleares mas não hegemônicos.

Considerando-se que o modo de produção capitalista é hegemônico a nível mundial, e que em sua formação estão "territorialmente" localizadas combinações de expressões mais ou menos clássicas e até aparentemente contraditórias desse mesmo capitalismo[12], há de se concluir que:

1. cada formação econômica e social corresponde a uma formação espacial determinada.

2. a cada formação econômica e social hegemonicamente dirigida para a acumulação do capital corresponde uma dada formação espacial capitalista, cuja dinâmica é a própria dinâmica da acumulação.

3. as diversas formações econômicas e sociais, cada qual com sua própria formação espacial, tendem, com a hegemonização do capitalismo, em primeiro lugar, a colaborar efetivamente com a acumulação primitiva do capital no seio do sistema enquanto um todo, e, em segundo lugar, a ter suas relações de produção internas gradativamente submetidas às relações tipicamente capitalistas.

Resumindo, podemos dizer então que:

1. A sociedade é o induzido/indutor das relações homem/homem e homem/natureza[13].

2. O modo de produção hegemônico é a produção/reprodução de relações espacializadas, cuja concretização ocorre a nível da formação econômica e social e cuja estrutura é a *formação espacial*[14].

3. O entendimento do espaço é, então, condição e finalidade do entendimento do modo de produção hegemônico.

ONDE FALAMOS EM INFRA E SUPRAESTRUTURA, RETOMANDO A QUESTÃO DO ESTADO

Temos de entrar agora num campo bem escorregadio de nossa discussão e, para isso, pedimos ao leitor um pouco de calma e paciência.

Quando pensamos em infra e em supraestrutura, nada mais "lógico" que "visualizamos" a existência de algo que está em "baixo" sustentando outro algo que está em "cima".

O primeiro e fundamental engano dessa lógica tão simples e transparente está no fato que ela deixa de lado a condição básica de qualquer relação: a interdeterminação. É impossível pensar na adequação do "sustentador" sem a existência do "sustentado" e, portanto, infra e supraestrutura são indeterminantes. Sem a primeira não há a segunda e vice-versa, ou, melhor ainda, só a compreensão da totalidade dessas indeterminações pode dar "fundamento lógico" a esse *movimento*.

A segunda questão é que a busca de tais determinações ultrapassa os limites da mera caracterização dos fatores e nos leva a atribuir pesos de caráter qualitativo a cada uma das determinações. É lícito afirmar que aqui, que está contida nesse caráter qualitativo das determinações da totalidade a definição de "infra e de supraestrutura".

Considerando que as relações homem/homem e homem/natureza são, em última análise, relações entre fatores de determinação da vida, a base da vida está na forma pela qual o homem produz e reproduz e se apropria do produzido e do reproduzido, o que, por sua vez, está em constante movimento de indeterminação com as relações de cunho político-ideológico ou supraestruturais. Ao considerarmos esse movimento de interdeterminação, não estamos propondo uma "vitamina liquidificada" de fatores: o que é "infra" continua "infra" e é enquanto "infra" que se transforma constantemente, pois sua estagnação significaria a impossibilidade lógica da "infraestrutura" não suportar o que deve sustentar. Tal paciente também é, simultaneamente, agente, pois, enquanto "base" ("infra"), deve adequar o "sustentado" à sua capacidade de "sustentação"[15].

Parece que já conseguimos nos organizar o suficiente para iniciar nossa discussão.

Devemos partir de uma afirmação aparentemente ridícula: o Estado existe. Trabalharemos então com algo palpável, verificável, e, ao mesmo tempo, dinâmico, pois não devemos esquecer que o Estado nem sempre existiu e que, por outro lado, desde que existe, tem assumido formas e aspectos diversos e às vezes superficialmente contraditórios entre si.

Temos, aqui, algumas linhas-mestras nas quais podemos nos basear:

1. Desde o seu aparecimento, o Estado expressa uma forma específica de poder, e é essa especificidade que lhe dá identidade temporal, não o poder em si.

2. O Estado tem como limite o próprio território em que se circunscreve.

3. O Estado, dentro de seu limite territorial, jamais exerceu o poder a partir de todas as classes sociais nele inseridas, mas seu discurso político tende a generalizar e a exercer o poder sobre todos; o poder, na verdade, sempre se concretiza de forma heterogênea sobre os que a ele são submetidos.

4. O Estado não é, então, o modo de produção, mas sim a expressão supraestrutural de uma formação econômico-social (ou de

várias), em que aparece um modo de produção enquanto relação de hegemonia.

5. Considerando, então, a indeterminação de fatores, o Estado se apresenta como induzido/indutor das relações de produção e, portanto, é a internacionalização do modo de produção hegemônico que da mesma forma que ajusta as bases materiais, também o faz com suas expressões supraestruturais, isto é, com a ideologia, Estado, instâncias jurídico-políticas, etc.

6. O Estado, portanto, não pode ser visto como uma totalidade em si, isto é, enquanto categoria que se basta a si mesma e, nem mesmo como expressão unívoca do poder de uma "classe" sobre outras "classes".

Só se pode discutir o Estado "em separado" na medida em que se considere que a "totalidade histórica" está no modo de produção e que a "totalidade Estado", fruto excelente de múltiplas determinações, além de comportar o poder de uma classe, comporta a existência do poder e das classes; portanto, o Estado só pode ser entendido na multiplicidade dessas relações e nunca no mecanicismo que o vê como "instrumento" de uma única classe: o Estado é a expressão supraestrutural da sociedade de classes.

**ACERCA DO QUE HÁ DE ESPECÍFICO E
DE GENÉRICO NO PODER, OU MELHOR,
A TENTATIVA DE RESPONDER AS DÚVIDAS
SOBRE O PAPEL GERAL DO ESTADO**

Dissemos acima que a "identificação temporal" do Estado acontece pela forma específica de como se exerce o poder, e que não se coloca em questão a existência do poder, isto é, Estado e poder são expressões diferentes, mas inseparáveis, pois sua separação implica, no mínimo, a inexistência do primeiro (consideramos então a possibilidade da existência do poder sem a existência do Estado).

Assim sendo, precisamos, em primeiro lugar, relacionar "Estado" com "divisão social do trabalho". Como já vimos anteriormente, a divisão social do trabalho ocorre no momento em que a história se obriga a definir quem produz e quem se apropria da produção. A divisão entre o trabalho intelectual e o manual produz formas de organização divergentes e interdeterminantes, definindo espaços da apropriação e espaços de produção, onde a divisão cidade/campo nada mais é que o embrião do Estado tal como o conhecemos hoje.

"Desse modo, na constituição grega da época histórica vemos, ainda cheia de vigor, a antiga organização gentílica, mas já observamos, igualmente, a sua decadência: o direito paterno, com herança nos haveres pelos filhos, facilitando a acumulação de riquezas na família e tornando esta um poder contrário às *gens*; a diferenciação de riquezas, repercutindo pela constituição social e pela formação dos primeiros rudimentos de uma nobreza hereditária e de uma monarquia; a escravidão, a princípio restrita aos prisioneiros de guerra, desenvolvendo-se depois no sentido da escravidão de membros da própria tribo e até da própria *gens*; a degeneração da velha guerra entre as tribos na busca sistemática, por terra e por mar, de gado, escravos e bens que podiam ser capturados, captura que chegou a ser uma forma regular de enriquecimento. Resumindo: a riqueza passa a ser valorizada e respeitada como um bem supremo e as antigas instituições da *gens* são pervertidas para justificar-se a aquisição de riquezas pelo roubo e pela violência. Faltava apenas uma coisa: uma instituição que não só assegurasse as novas riquezas individuais contra as tradições comunistas da constituição gentílica, que não só consagrasse a propriedade privada, antes tão pouco estimada, e fizesse dessa consagração santificadora o objetivo mais elevado da comunidade humana, mas também imprimisse o selo geral do reconhecimento da sociedade às novas formas de aquisição da propriedade, que se desenvolviam umas sobre as outras – a acumulação, portanto, cada vez mais acelerada, das riquezas; uma instituição, em uma palavra, que não só perpetuasse a nascente divisão da sociedade em classes, mas também o direito de a classe possuidora explorar a não possuidora e o domínio da primeira sobre a segunda.

E essa instituição nasceu. Inventou-se o Estado (Engels, F. A Origem da Família, da Propriedade Privada e do Estado. *In: Obras escolhidas*. Alfa-Ômega, v. 3. p. 87-8).

Temos, então, algo que deve necessariamente ser aprofundado: considerando que a forma pela qual o homem "resolve" os problemas relacionados com a sobrevivência (modo de produção) está em última instância na base do edifício sobre a qual se erige a divisão social do trabalho, e que é na divisão social do trabalho que se encontra a origem lógica do Estado, deve-se entender então, que é no próprio modo de produção e, portanto, na formação econômica e social e na divisão territorial que reside a origem do poder; e já que: "Toda a ideologia (...) uma vez que surge, desenvolve-se em ligação com a base material das ideias existentes" (Engels, F. "Ludwig Feuerbach e o fim da Filosofia Clássica Alemã" *In: Obras Escolhidas*, Alfa-Ômega, v. 3, p. 203), as interdeterminações entre tais fatores explicam a interdinâmica entre Estado, poder, formação econômica e social e modo de produção.

O Estado sofre um conjunto de transformações e, ao mesmo tempo as impõe, de forma que a presença do Estado, nas diversas épocas históricas, se faz sentir no seio do desenvolvimento do modo de produção e, portanto, essas diferentes expressões de poder respondem a diferentes relações de produção. A base material sobre a qual se imbrica o Estado dá-nos condição de falar de um Estado feudal com relações diferentes do Estado capitalista e, portanto, se Estado não é o mesmo que formação espacial, não há dúvida de que a geografia do Estado só pode ser elaborada a partir do estudo das formações espaciais que o estruturam.

Assim como toda ideologia é fruto da base material que a sustenta, ela é o instrumento social capaz de dar força inercial à base material e a si própria. O Estado vem responder não só às necessidades da reprodução das relações de produção, mas constituir-se como um polo reacionário a quaisquer mudanças mais profundas em sua base material, sendo necessária a destruição de suas formas de poder para que outra classe, ou classes, consiga impor novas relações de produção; consequentemente, as transformações conjunturais necessárias ao desenvolvimento e maturação do modo de produção implicam a reordenação no âmbito da ideologia em geral e do Estado em particular.

DAS DISCUSSÕES SOBRE FRONTEIRAS E LIMITES DO PODER

Do coletivismo ao individualismo burguês muita água rolou sob a ponte. Independentemente do fato de que não estamos aqui para defender o evolucionismo darwinista, temos de reconhecer que há mudanças de cunho qualitativo nas relações sociais através da história.

A mudança de grande valor para o nosso tema está justamente na noção de limite, não no sentido teleológico do limite, mas sim no da resposta diferenciada que cada formação econômica e social dá à espacialidade de uma ação particular (enquanto indivíduo) ou coletiva (enquanto totalidade).

Hoje em dia, tais fatos são razoavelmente fáceis de se identificar: a casa, por exemplo, não só abriga o homem, como o faz sob certas condições, isto é, ao entrar em "sua" casa mudam-se os pontos de referência do que poderíamos denominar "comportamento possível" a que a nossa personagem está sujeita. É muito oportuno lembrar que uma coisa é entrar onde se mora ou no quarto onde se dorme, e outra é entrar na casa vizinha ou num quarto que não nos pertence. O que observamos é que, se no plano individual há seccionamento cada vez maior do espaço, é a tecnologia que se encarrega de dar "maior trânsito" a essa individualidade: o rádio, a televisão, o terminal de computador, o telefone, o jornal, os livros, os aviões, os automóveis e mais um sem-número de máquinas, aparelhos e produtos que, ao mesmo tempo que ampliam o raio de ação de cada indivíduo, reduzem a noção que cada um tem do que é próximo e do que é distante e redefinem a relação entre a noção de público e a noção de privado.

Nada disso, no entanto, é caótico. Temos um lugar certo para comer, dormir, tomar banho, pegar ônibus, trabalhar, fazer compras, assistir à televisão, "fazer o amor conjugal" e o "amor adúltero"; temos ainda um lugar para depositar e retirar dinheiro, retirar e pagar compras, andar a pé ou de automóvel, estudar e aplicar conhecimento. Tudo isso e muito mais tem lugar e o jeito certo de ser feito. Na medida em que somos mais privados, tornamo-nos mais públicos, individualizados e coletivos, escondidos e identificáveis, especialistas e substituíveis, originais e copiadores, e é nessa mesma medida que a elasticidade do limite e do ilimitado se torna mais difícil aos nossos olhos.

Se observarmos o modo de produção feudal, vemos que o limite do senhor e do servo, isto é, as relações entre as classes fundamentais, se realizam dentro do feudo. O espaço feudal é o próprio feudo e é nesse contexto que se constrói sua geografia.

A destruição do feudo nada mais é que uma readequação espacial das novas relações de produção que surgem. A chamada fase de acumulação primitiva do capital é a elaboração primitiva do espaço capitalista: forjam-se aí as condições para a supremacia de um novo modo de produção e é como tal que se constrói uma nova geografia, uma nova espacialidade.

Os Estados nacionais substituem o feudo porque o modo de produção capitalista é mais amplo que o feudal. E também constituem a unidade de espaço que a burguesia precisa definir para circular seu próprio poder. Na disputa pela harmonia desse novo valor é que se forjam os limites desse novo Estado. A fronteira é o limite onde termina um poder e começa outro. Tal poder é, a princípio, poder sobre as esferas internas de produção e consumo e, como veremos mais adiante, passível de expandir sem alterar necessariamente as fronteiras do Estado. Produção e mercado são duas esferas de uma mesma totalidade. A expansão territorial da burguesia pode ser compreendida pela indeterminação da expansão da produção e da expansão do mercado, o que significa a subordinação gradativa do território ao modo de produção capitalista. Podemos considerar, então, que o espaço da produção se expressa na fábrica e no campo enquanto gerador da riqueza que, se não for para o espaço da circulação, não se realizará; e que precisa da intermediação do Estado enquanto pressuposto ideológico da produção/reprodução ampliada das relações de classe e, nesse caso, das relações de classe típicas do capitalismo[17].

Tolo é aquele que imagina que cada passo e contrapasso dessa dança tenha deixado clara tal questão. A identidade nacional, a língua, a religião e muitos outros fatores de ordem ideológica, muitas vezes até distantes dos interesses da expansão burguesa, influenciaram a definição das fronteiras, mas igualmente tolo é aquele que só vê a ideologia e não terá nada mais a fazer que orar pelo florescimento da "moral" e dos "bons costumes".

O Tratado de Tordesilhas demonstra a eficácia da ideologia quando esta se contrapõe frontalmente às regras do jogo econômico: em nome de Deus se romperam fronteiras que em nome de Deus se haviam estabelecido. Não só a Espanha e Portugal, mas a França, a Inglaterra e a Holanda passaram por cima da bula papal, contando para isso com caravelas e necessidades.

Vejamos o que nos diz um nigeriano sobre a partilha de seu continente:

"Em fins do terceiro quartel do século XIX, a França, a Grã-Bretanha, Portugal e a Alemanha já tinham interesses comerciais em várias partes da África (...) com um controle político muito limitado (pois) nenhum estadista de bom senso optaria por assumir as despesas e expor-se aos riscos imprevisíveis de uma anexação formal, quando podia obter as mesmas vantagens através do controle informal. Mas a situação começou a mudar em consequência de três importantes fatos ocorridos entre 1876 e 1880.

O primeiro, em 1876, foi a convocação por parte do rei da República, da chamada Conferência Geográfica de Bruxelas (...)

O segundo fato foi o aumento das atividades de Portugal (...) que levaram a Coroa (...) a anexar, em 1880, (...) Moçambique.

O terceiro fato foi o caráter expansionista da política colonial francesa (...).

A ideia de uma conferência internacional para dirimir os conflitos territoriais (...) lançada por Portugal, foi mais tarde retomada por Bismarck (...). Embora a conferência não tivesse declaradamente por objetivo a partilha da África, de fato acabou por dispor de uma partilha, *adotando resoluções concernentes à livre navegação nos rios Niger, Benne e seus afluentes*; estabeleceu também, as '*regras a serem daí em diante observadas quanto à ocupação dos territórios e das costas da África*' (...).

Não há precedente histórico para justificar o fato de um continente chegar ao ponto de ousar proclamar o seu direito de negociar a partilha e a ocupação de outro continente (...). A divisão definitiva da África já estava de fato traçada, em linhas gerais, desde 1885" (Usorgure, Godfrey N. *In:* Partilha de um Continente – rev. *Correio da UNESCO*, julho/1984 – ano 12 nº 7, Fund. Getúlio Vargas – p. 17-18, os grifos são nossos).

Como se vê nos exemplos americano e africano, as fronteiras são limites de poder, onde as classes dominantes traçam, com esta ou aquela justificativa, o limite territorial desse poder. No capitalismo, parcelas da burguesia se internalizam dentro dos limites do que chamamos de Estado Nacional, o que não coloca tais parcelas sob nenhuma contradição estrutural entre si; também não se identifica nenhuma pasteurização das relações interburguesas (leia-se: internacionais): especificidade e globalidade são indeterminantes.

Europa e Ásia não são exceção a tal regra, na medida em que o estabelecimento das fronteiras nacionais antes, durante e depois da expansão colonial, chegou a depender de relações de cunho ideológico, uma vez que ideologia e economia não passam de fatores de uma mesma totalidade. A história não chegou a provar o momento em que a ideologia venceu, em definitivo, quando se encontrou na contramão do desenvolvimento econômico.

ONDE FALAMOS EM IMPERIALISMO, MONOPÓLIO E OUTRAS COISAS BÁSICAS PARA A COMPREENSÃO DO ESTADO MODERNO

Como já vimos em itens anteriores, a mobilidade das fronteiras está relacionada ao arranjo espacial do poder, isto é, à maneira pela qual as classes sociais, principalmente as diretamente ligadas ao modo de produção hegemônico, delimitam seu poder, definem e concretizam a correlação de forças entre dominantes e dominados, o que não implica a permanência física das classes hegemônicas no território dominado, mas pode perfeitamente ser feito pela "sublocação" da hegemonia, pela exportação de pessoal, pela requalificação das relações sociais dentro da formação econômica e social subordinada, ou ainda, pela criação internalizada de novas parcelas de burgueses.

A expansão dos limites territoriais dos Estados Nacionais tem apresentado nos últimos séculos características diferenciadas no que tange ao modo pelo qual ela se processava. Das guerras napoleônicas até a Segunda Grande Guerra ficou provado que as disputas interburguesas pela hegemonia do território (expansão de fronteiras) exigem mais que a capacidade bélica e têm inimigos mais terríveis que o inverno russo. Além de dominar uma grande massa de capitais é necessário entender o "sentido" da própria história.

É senso comum a observação de que no modo de produção capitalista, uma característica que nos interessa sobremaneira é sua capacidade de expansão. Da Europa para a África, Ásia, América e Oceania, o capitalismo se materializou como o único modo de produção que, num mesmo momento histórico, tornou-se hegemônico em todo o planeta. É a essa expansão mundial do capitalismo, na sua fase monopolista, que chamamos de Imperialismo. Seria uma mera comparação com os impérios clássicos? Estaríamos, portanto, falando da expansão das fronteiras desse ou daquele país sobre outros pontos do planeta? Não. Em primeiro lugar, quando falamos em expansão capitalista estamos nos referindo à capacidade desse modo de produção intervir num conjunto muito amplo de formações econômicas e sociais e, através de relações aparentemente até antagônicas, atingir um único objetivo – a reprodução ampliada do capital. Em segundo lugar, nos referimos neste caso à expansão do domínio de uma classe sobre outras e ao fato de isso não ser possível sem levarmos em conta a variável territorial. Em terceiro lugar, tal expansão não pressupõe o domínio político formal, mas sim a subordinação de cada território às necessidades da reprodução ampliada do capital. O imperialismo capitalista está colocado num patamar muito mais complexo que o mero domínio político militar (o que não significa que tal tipo de domínio esteja descartado), e muito mais profundo que o expansionismo do "povo eleito", em que toda uma nação transforma outra em escrava. Fala-se aqui em classes sociais que são hegemônicas em seus Estados Nacionais e, enquanto classe, também o são em outros Estados Nacionais. Mais, fala-se que a transcontinentalização do modo de produção capitalista implica a subordinação das mais variadas formações econômico-sociais, levando-as a um processo de readequação de suas relações de produção originais aos moldes necessários à acumulação do capital, e é neste sentido que a intercontinentalização das bases materiais significa a transcontinentalização das bases ideológicas, de onde se observa a destruição das mais diversas formações espaciais em nome do desenvolvimento do próprio capitalismo. O modo de produção capitalista tende a transformar todas as relações de trabalho em relações capitalistas de trabalho, isto é, em relações assalariadas com o trabalho, transformando, então, trabalho em mercadoria[18].

É este, então, o lugar exato para outra tendência desse modo de produção, a qual se relaciona diretamente com nosso tema: a monopolização do capital.

Entendemos por monopolização o conjunto de movimentos que resumiremos aqui da seguinte maneira:

1. Considerando o fato de que a própria concorrência entre os diversos capitalistas leva a uma elevação do capital constante, isto é, dos investimentos em máquinas, tecnologia, formação de mão de obra, pesquisa técnico-científica etc...

2. Considerando, igualmente, que na expansão territorial dos mercados, centros de produção e fontes de matéria-prima existe uma redefinição da divisão do trabalho, a um só tempo no sentido vertical, uma divisão sobre o gerenciamento do capital, que sai da mão do capitalista individual e se encontra nos bancos, os quais, por sua vez, têm a participação dos grandes empresários industriais; e horizontal no sentido de uma divisão territorial do trabalho produtivo, isto é, uma redistribuição dos parques industriais em busca de mão de obra mais barata e formação de novos mercados.

3. Considerando ainda que esses dois movimentos pressupõem uma redefinição do processo de controle da produção e serviços, quem é capaz de acumular grandes somas de capital é igualmente capaz de controlar os fornecimentos de matérias-primas, bens da produção e de consumo, serviços etc.

Essa concentração de capitais deixa para traz a fase concorrencial do capitalismo e inaugura uma nova fase: a do monopólio, e é por isso que toda a superestrutura sofre modificações no sentido de responder aos impasses colocados pela concorrência e adaptar-se às novas tarefas impostas pelo monopólio.

Aqui fica, então, um conjunto de questões da maior importância:

1. As diferenças entre o local de produção e consumo e o da acumulação formam uma contradição insolúvel no capitalismo?

2. O que é o "mundo subdesenvolvido"?

3. E o terceiro-mundismo?

4. É o desenvolvimento tecnológico capaz de superar as "diferenças" entre "países ricos" e "países pobres"?

5. Como tais problemas têm sido tratados pela Geografia?

ONDE SE FALA DAS "NOVAS TAREFAS IMPOSTAS PELO MONOPÓLIO" E DA LEI TENDENCIAL DO DESENVOLVIMENTO DESIGUAL E COMBINADO E DE OUTROS ASSUNTOS

1917 e 1929: o leitor já deve ter ouvido falar nessas datas: a primeira refere-se à revolução bolchevique na Rússia, e a segunda à grande crise econômica que mostrou suas garras com o craque da Bolsa de Valores de Nova York. Que relação teriam esses dois fatos com o nosso assunto? Já muito antes dessas datas, o capitalismo passava por profundas transformações: o fim da concorrência e o domínio dos monopólios se configuravam como uma forte tendência já no último quartel do século XIX, e o século XX se inicia pagando o ônus de ainda não ter criado mecanismos econômicos e políticos que erradicassem de vez a "nefasta" prática da concorrência. Aquela multidão de pequenos capitalistas lutando ferreamente entre si para elevar a produção e reduzir o preço unitário das mercadorias ainda poriam tudo a perder. Como conviver com o periódico fantasma da superprodução e do subconsumo?

O caminho custou muito "sangue, suor, trabalho e lágrimas" e veio de onde ninguém esperava: da experiência socialista na nascente URSS.

Com a crise dos anos 30, ficou evidente que o Estado não poderia continuar deixando ao sabor da concorrência os difíceis caminhos do domínio planetário.

Na medida em que não só as relações de produção típicas do capitalismo se transcontinentalizam, na medida em que se colocava como tarefa a formação de novos mercados, capazes de consumir novos produtos, na medida em que era necessário exportar capitais, criar melhores condições de vida para os operários europeus e norte-americanos, melhorar e ampliar o nível de vida em todo o mundo, o Estado planejador soviético é uma resposta muito mais adequada aos impasses que as saídas via expansão militarizada das fronteiras.

A Primeira e a Segunda Guerra Mundial, a experiência japonesa, francesa e americana no Vietnã, a colonização da África, da Índia e da China e tantos outros exemplos vão mostrando, com cada vez maior clareza, que o jogo de forças dentro do capitalismo tem outras regras que a pura força militar expansionista.

Observemos ainda que:

1. por todos os cantos e das mais diversas formas, percebe-se a presença de grandes multinacionais;

2. essa presença é primeiramente sentida na esfera da circulação, quando desde os refrigerantes até o automóvel já podem ser consumidos com mesmo sabor, marca e modelos em quase todo o mundo;

3. um outro aspecto é a difusão dos parques industriais onde sabor, marca e modelo se homogeneizam apesar de pertencerem a coordenadas muito diferentes;

4. os bancos aparecem como principal divisão desse romance, pois seu crescimento e difusão estão, em muitos lugares, à frente das próprias indústrias e é nos bancos que se gerencia a maior parte do capital disponível para a indústria e o comércio;

5. o desenvolvimento técnico-científico tende a responder, cada vez com maior velocidade, às necessidades da criação e reprodução de mercado (ampliação da produção, redução de custos, lançamento de novos modelos, obsolescência acelerada das mercadorias);

6. o conflito capital/trabalho adquire a cada momento novas características, sendo necessário, por parte do capital, unir novas formas de exploração com novas formas de domínio ideológico que possam garantir as atuais relações de dominação.

Como responder a tudo isso? Como trazer para dentro das relações de produção capitalistas um mundo de formações espaciais específicas? Como implantar mais e mais parques industriais, respondendo, ao mesmo tempo, à necessidade de criação de novos mercados e de ampliação da produção? Como transferir um volume cada vez maior dos lucros para os bancos sem colocar em xeque-mate a fonte primária da riqueza: a produção? Como, a cada ciclo, lançar os mesmos produtos, com nova roupagem, para os mesmos consumidores? Como controlar a elevação tendencial da taxa de salários sem que, no conjunto do sistema, isso coloque em impasse as taxas de lucro? Como refrear a transcontinentalização do conflito entre capital e trabalho, impedindo a unificação das forças do movimento operário e popular? Como? Como? Como?

Eis aí um verdadeiro "drama mexicano", cuja solução passa fundamentalmente por duas vertentes:

1. A primeira (e não necessariamente a mais importante) está na transferência do conflito capital/trabalho, que tem como fulcro central a esfera da produção, para a esfera da circulação.

2. A segunda está na manutenção do Estado Nacional enquanto mediador das contradições e regulador, em nome da nação-país, dos mecanismos de acumulação capitalistas.

A internacionalização da burguesia não pode e não deve implicar internacionalização da classe operária; essa é (claro!) a palavra de ordem da burguesia. Da fala ao ato, é o Estado-nação-país que vai manter o controle sobre o movimento operário e popular e vai isolá-lo, mistificá-lo, julgá-lo, mantendo, a nível nacional, isolado como uma doença, aquilo que, por sua lógica interna, tem caráter mundial.

O Estado-nação-país é ideologia! Mas não se iludam os idealistas! Ideologia não é sonho, ideologia aqui são ruas e nomes nas ruas, o asfalto, a previdência, o judiciário, monumentos, o executivo e o legislativo, a escola e o funcionalismo público. Ideologia é fato concreto, é o Estado-nação-país em ação na medida em que aparece como algo alheio às classes e ao mesmo tempo define impostos, fronteiras, é empresário e consumidor, mediador interno e externo da lógica capitalista. E é na medida em que a ideologia não é ideologia do vazio, mas é superestrutura de uma dada base material da sociedade, que o Estado-nação-país é induzido/indutor das relações de classe concretas do modo de produção hegemônico e assim deve mediar as formações espaciais no sentido de viabilizar a reprodução ampliada do capital. E é nessa lógica que entendemos as diferenças entre os Estados, e nos Estados, entre regiões; entre cidade e campo; e na cidade, entre subúrbio e o centro, e na casa, entre a suíte e o quarto de empregada. A formação espacial é a espinha dorsal da divisão entre as classes, seus mecanismos de interação e disputa, seus meios de domínio e sujeição.

A diferença, portanto, entre pobres e ricos, Ocidente e Oriente, norte e sul, desenvolvido e subdesenvolvido, primeiro, segundo e terceiro mundo, não passa, em última análise, de formações espaciais do próprio capitalismo e, portanto, de suas relações específicas de classe.

É assim, portanto, que, invertendo a rota da discussão, podemos afirmar que a contradição não elimina, mas, ao contrário, faz parte do real, assim como a eliminação do proletariado pressupõe a eliminação da burguesia e é contradição que sustenta a sobrevida do modo de produção. Da mesma forma, as classes fundamentais, suas frações e agremiações, as formações espaciais são formações dessas relações e, portanto, são formações espaciais dessa contradição fundamental. Onde vemos a diferença devemos ver mais, devemos observar a contribuição que a diferença traz para a unidade do modo de produção.

Se entendemos que desigualdade é diversidade da unidade, já não falaremos em desenvolvimento e subdesenvolvimento, mas em divisão internacional do trabalho, em divisão regional do trabalho, em divisão territorial do trabalho, em formação econômica e social e, por fim, em formação espacial.

Aqui já podemos cumprir a tarefa proposta no título deste item. Podemos falar em desenvolvimento desigual e combinado, podemos entender então que a "vida" ou "sobrevida" do modo de produção está na combinação das contradições as quais ocorrem de acordo com a mesma lógica que nos leva a entender a unidade dos contrários.

Estão, por isso, resolvidos os conflitos entre as nações? De forma alguma. Quando falamos em hegemonia de um modo de produção não falamos em homogeneização de interesses para além das questões fundamentais. Se é consenso a necessidade de acumulação, não o é, no mesmo nível, o "como", o "quando", o "para quem", e "para onde" deve dirigir-se tal acumulação. A Lei Tendencial de Desenvolvimento Desigual e Combinado produz frações de classes capazes de lutar entre si usando a ideologia do Estado-nação-país, da soberania nacional, da honra nacional, para garantir a criação e a manutenção de vias de reprodução localizadas dessas mesmas frações.

A acumulação localizada da totalidade de riqueza gerada no mundo levaria à impossibilidade da reprodução dos mecanismos de exploração, assim como a socialização do capital acabaria com o monopólio, e a gerência dessa mediação, exercida hoje pelos bancos, não é feita sem conflitos, sem Fundo Monetário Internacional, sem dívida externa, sem transferência para o Estado das contradições impostas pelo próprio desenvolvimento.

Um outro aspecto dessa discussão, que precisa ser realçado, é aquele que evidencie a polarização entre países dependentes e independentes ou, ainda, entre centro e periferia[19].

Temos aqui, sob outras vestes, a mesma discussão. Não há, nem pode haver, independência ou dependência nacional, bem como não há países centrais ou países periféricos. Tal engano se dá pelo fato de que se costuma dar mais valor à aparência que à essência.

Já sabemos que as contradições, só a nível ideológico, são contradições nacionais. A luta pelo poder se efetua no seio das classes e não no da nação, mas, por outro lado, a nacionalidade pode perfeitamente ser usada como móvel ideológico nessa luta. Sabemos também que, para além das fronteiras nacionais, aparece de forma ubíqua o modo de produção, o qual internaliza e subordina as formações espaciais. Como se tudo isso não bastasse, ainda precisamos afirmar que a universalização do modo de produção capitalista não implica a universalização do Estado, pois é o seccionamento ideológico que garante a desigualdade enquanto essência da unidade do próprio modo de produção.

Assim sendo, não há centro nem periferia, não há países dependentes. O que há é a divisão internacional do trabalho, a divisão territorial do trabalho, pois a lógica que usamos não busca a unidade das semelhanças, mas a unidade da desigualdade. Não é a união de semelhantes, mas o imbricamento das divergências, não é a pasteurização das contradições, mas a luta de classes, que nos pode fornecer pistas para compreender e transformar o mundo.

Um outro aspecto também comum à literatura geográfica diz respeito à comparação entre diversas "etapas" do desenvolvimento técnico-científico. Ao que parece, a criação de "tecnologias nacionais" deve levar à "independência" e, por outro lado, a tecnologia, aparentemente neutra, deve, por si só, eliminar a miséria, a diferença de nível de vida entre os povos.

Já tivemos a oportunidade de discutir um pouco o assunto e não pretendemos levantar aqui os argumentos já trabalhados. Queremos somente enfatizar que, diferentemente de outros modos de produção, o capitalismo transformou o conhecimento científico em mercadoria, e é a partir desse pressuposto que afirmamos ser a ciência um fator de acumulação e não de socialização; portanto, a aquisição do conhecimento não esclarece de *per si* "de qual" conhecimento se fala, "para que", "quando", "como", será usado ou foi gerado. Na medida mesma em que conhecer implica poder, a ciência é fator de acumulação e de reprodução do capital.

75

ENTRE A GEOGRAFIA DAS COISAS E A GEOGRAFIA DAS CLASSES (OU, QUANDO AS COISAS SÓ SÃO COISAS DE E PARA UMA SOCIEDADE)

"Essa condição imposta à história dos homens de, para efetivamente existir, ter que adquirir uma forma espacial, decorre do fato de o modo de produção da vida material desses homens pressupor a territorialização da produção, da realização do circuito que retorna à produção (...). Desse modo, fábrica, mercado e Estado são os nexos estruturais que executam no capitalismo a mediação do movimento de transfiguração das contradições em valor e vice-versa (...). O espaço-Estado é a transfiguração do eixo economia política em processo de hegemonização do capital sobre o trabalho, por meio da disciplinarização da reprodução das contradições que tendem a implodi-lo.

Se a geração do valor é o núcleo da estruturação da sociedade burguesa, é a realização desse valor que a organiza. Isto porque a geração do valor não é a razão em si, sendo esta razão a acumulação do capital. E sem realização não há acumulação (...). O papel do Estado burguês segue, pois, uma linha geral simples: realizar o deslocamento do lugar nuclear exercido pelo espaço-fábrica para que este seja exercido pelo espaço-mercado, de modo que as contradições fabris fiquem dissimuladas por desigual distribuição de renda e como tal podendo, por conseguinte, serem resolvidas por meio da distribuição mais justa da renda. Nesse passo, transformar o espaço-mercado em lugar da leitura da história e o Estado em seu sujeito" (Moreira, Ruy. *O movimento Operário e a Questão Cidade e Campo no Brasil.* Petrópolis, Vozes, 1985, p. 26-8).

E é aí justamente que entramos com nossas tristes e malfadadas aulas de geografia. Montanhas, rios, minérios, estradas, cidades, regiões, estados, continentes: tudo isso conjugado numa grande vitamina, cujo nexo nos é difícil captar. Talvez o mais importante de tudo seja o fato de que tal falta de nexo constitui uma questão superficial, pois, no fundo do poço vamos encontrá-lo e entenderemos que, como toda a ideologia tem como base o espaço econômico, o caos do discurso geográfico é a lógica da apropriação que o modo de produção capitalista faz da natureza. O cerne do modo de produção capitalista está na acumulação do capital e, para tanto, é necessário obrigar a natureza a produzir na velocidade da acumulação. Natureza é, pois, natureza para o capital, como já vimos, quem dá o nome aos bois é o dono dos bois.

Por isso mesmo, se um rio é somente um rio, para os homens ele será mais que uma água corrente: ele será o que determinar a relação dos homens com as coisas; ele será o que determinar a vida dos homens; e é a vida dos homens que resolverá as relações de poder sobre as coisas e, mais ainda, acabará determinando que o poder de propriedade realizado por uma classe se transforma em poder sobre os próprios homens e, daí, a transformação do espaço em Estado.

A política está no centro da geografia, a geografia está centrada na política e o Estado tornou-se a própria unidade da geografia regional do mundo atual. É hora de assumirmos como ponto de partida a espacialidade contemporânea, de modo a fazer da geografia que se ensina uma poderosa arma de elucidação desse leviatã moderno, o deus onipotente de nossos dias.

Notas

1. Lacoste, Yves. A Geografia Serve, Antes de Mais Nada, para Fazer a Guerra. *Lisboa, Iniciativas Editoriais, 1977.*
2. *Já se deve ter em mente aqui o que veremos mais adiante, desde a divisão cidade/campo até a formação da nobreza, as revoltas de escravos, os diferentes partidos, religiões, sindicatos, etc.*
3. *Ver aqui o texto de Ruy Moreira – "O Espaço da Crise e a Crise do Espaço",* in Anais do 5º Encontro Nacional de Geógrafos – AGB – *Livro 2, v. II – p. 89 e s.*
4. *Para aprofundar o tema, ler de Marx e Engels* A Ideologia Alemã, *Livraria Martins Fontes e Presença, Lisboa, principalmente o 1º volume. O outro texto de suma importância seria o capítulo VI Inédito de* O Capital, *de Marx, K., Morais, 1985, principalmente a seção "A Reprodução Capitalista é Produção e Recuperação das Relações de Produção Especificamente Capitalistas", p. 133 e s.*
5. Atualmente existe uma grande discussão a respeito dos limites das classes sociais. Não desenvolveremos essa polêmica aqui, esperando tratá-la de forma mais específica em futuro próximo.

6. *O tema cidade/campo pode ser observado, em linhas gerais, na obra de Henri Lefebvre,* O Pensamento Marxista e a Cidade, *Portugal, Ulisseia, 1972.*
7. *Esse artigo, na sua totalidade, traz importante contribuição para o tema e merece ser lido com toda a atenção.*
8. *Vale a pena aqui recorrer ao artigo de Engels "Sobre o Papel do Trabalho na Transformação do Macaco em Homem",* In: Obras Escolhidas, *Alfa-Ômega, v. 2., p. 267-80.*
9. *Verificar as bases da Teoria do Valor no livro I de* O Capital *de Karl Marx. Ver col.* Os Economistas, *introdução de Jacob Gorender.* Abril Cultural, *cap. I.*
10. *Verificar aqui a palestra proferida por Marx sob o título "Salário, Preço e Lucro",* In: Obras Escolhidas *– op. cit. vol. I, p. 333-78, sem prejuízo de consulta à "Contribuição à Crítica da Economia Política", do mesmo autor, principalmente o cap. I "A Mercadoria" – na segunda edição brasileira: Martins Fontes, p. 31-62; ver ainda* O Capital, *op. cit., seção III, cap. V "Processo de Trabalho e Processo de Valorização".*
11. *Ver aqui o excelente trabalho de Máximo Quaini:* Marxismo e Geografia, *Paz e Terra, 1979.*
12. *"Essa dupla face do imperialismo, e principalmente de suas relações com as "regiões", não tem o significado que a teorização sobre o terceiro mundo confere às relações centro-periferia. É certo que na etapa do capitalismo mercantil a criação de colônias deu lugar ao posterior surgimento das nações; mas a diferença significativa entre as formas de expansão internacional do capital no período colonial e no período imperialista é, precisamente, o fato de que no período imperialista, sob as determinações da própria reprodução do capital, essas classes dominantes locais que emergiram em contradição com o capital internacional têm interesses coincidentes, agora, com a forma de reprodução do capital internacional; mais: essas classes dominantes locais são absolutamente necessárias para a "nacionalização" do capital, sem o que o capital internacional só existiria como abstração. Assim, a teorização terceiro-mundista mais corrente não dá conta dessa dimensão de heterogeneidade externa do imperialismo; a oposição entre nações mais desenvolvidas e menos desenvolvidas no contexto do sistema capitalista em escala internacional, que é o núcleo de teorização terceiro-mundista, deveria, para ser correta, demonstrar que persistem conflitos de interesses entre o imperialismo e as classes dominantes locais, conflitos cuja raiz deve ser buscada nas formas de redução do capital. No atual estado da divisão internacional do trabalho do capitalismo, a possibilidade de esses*

conflitos resultarem antagônicos é cada vez mais remota" (Oliveira, Francisco. Elegia para uma Re (li) gião. 3ª edição, Paz e Terra, 1981, p. 28).
13. Novamente aqui temos a presença de reflexões referentes ao capítulo VI Inédito de O Capital – op. cit.
14. "Uma região seria, em suma, o espaço onde se imbricam dialeticamente uma forma especial de reprodução do capital, e por consequência uma forma especial de luta de classes, onde o econômico e o político se fusionam e assumem uma forma especial de aparecer no produto social e nos pressupostos de reposição" (Oliveira, Francisco, op. cit., p. 29).
15. Ver O Capital de Karl Marx. 3ª ed. Civilização Brasileira, Livro 3, v. 6.
16. Sem considerar aqui a extensa bibliografia disponível vale lembrar:
De Hegel:
Seleção de Textos preparados por Djacir Meneses: Textos Dialéticos, Zahar, 1969, principalmente p. 77-105.
De Marx:
Crítica da Filosofia do Direito de Hegel – Presença (Portugal) e Martins Fontes (Brasil).
– As lutas de Classes na França de 1848 e 1850 – Obras Escolhidas op. cit., v. 1, p. 93-108.
– O Dezoito Brumário de Luiz Napoleão – Ob. Esc., v. 1, p. 199-285.
– Crítica ao Programa de Gotha – Idem, ibidem, v. 2, p. 203-34.
De Engels:
– Anti-Düring – Ed. Paz e Terra, 1974, Principalmente 2ª seção, itens II, III e IV.
– A Origem da Família, da Propriedade Privada e do Estado – Ob. Esc., op. cit., v. 3, p. 7-143.
De Lênin:
– A Comuna de Paris – Seleção de Textos, Lisboa, Ed. Avante, 1975.
– O Estado e a Revolução – Obras Escolhidas – Alfa-Ômega, v. 2, p. 219-305.
De Gramsci:
– Maquiavel, a Política e o Estado Moderno – Civilização Brasileira, 1984.
17. "Não são apenas as condições objetivas do processo de produção que se apresentam como resultado dele; o mesmo acontece com o caráter especificamente social das mesmas; as próprias relações de produção são produzidas, são resultados sem cessar inovados do processo." (Marx, K. – Cap. VI – Inédito, etc. p. 138-9).

79

18. *"Não há capital sem trabalho assalariado, não há trabalho assalariado sem capital. Daqui tiram os economistas burgueses a conclusão de que, portanto, não há trabalho que não seja assalariado, assim como não há objetos e meios de produção que não sejam capital. A classe operária tirará daí outra lição, formulada no mesmo ano (1865) por Marx: 'Abolição do Trabalho Assalariado!'"* (Maffi, Bruno. Introdução à edição italiana do capítulo VI – Inédito, *etc. p. 24*).

19. *"Essa concepção da polarização do mundo capitalista tende a atribuir (...) papel secundário às classes de cada país na determinação da dinâmica social de todo o sistema capitalista mundial, colocando em primeiro plano as relações que se estabelecem entre nações ricas e pobres. As classes entram na análise mais como representantes das respectivas nações do que propriamente como agentes que definem o processo de seu espaço nacional. É como se as classes dominantes das metrópoles se relacionassem com as classes dominadas dos satélites, sem mediação, no primeiro caso, das classes dominadas metropolitanas, e, no segundo caso, das classes dominantes periféricas"* (Mantega, Guido. A Economia Política Brasileira, 3ª ed., Polis/Vozes, 1985, p. 228).

A NATUREZA NA GEOGRAFIA DO ENSINO MÉDIO*

Marcos Bernardino de Carvalho

A percepção de que os quadros físicos dos espaços não esgotam os limites de estudo e reflexão a que se propõe a geografia, é antiga. Os sintomas desta percepção vêm desde o tempo em que os "possibilistas" de la Blache, julgando contrapor-se aos "deterministas" de Ratzel, constataram que o homem era algo mais do que um "cacho de bananas".

Com o advento do "neodeterminismo" – o econômico, se assim podemos chamá-lo –, a natureza adquire o *status* de recurso à disposição do capital, e desta forma, boa parte dos homens volta a ser "cachos de bananas" (a maioria, diga-se de passagem), e uma pequena parte impõe as suas "novas" determinações. "Novas" talvez para a história do pensamento geográfico, mas decerto muito antigas para aqueles que a sentem na pele.

Aqui digladiam-se as concepções: o homem, um submisso das vontades naturais; ou, a natureza, uma submissa das vontades humanas; ou, ambos – homem e natureza – submissos das vontades do capital. Apologias e polêmicas à parte, o que importa é que nesta altura do campeonato, a geografia há muito decolou, ganhou o "seu" espaço, descobriu e enxergou os homens "dentro" dele.

As preocupações espaciais, objeto da geografia, não mais se limitam às descrições do quadro físico, mas revelam os arranjos nele levados a cabo pelos homens. Buscam compreender os limites – agora

---

* *Trabalho publicado na revista* Terra Livre *nº 1 – ano I – 1986 – AGB – São Paulo – pág. 46/52.*

políticos – que os Estados (essa antiga novidade) impõem uns aos outros, ou melhor dizendo, que alguns Estados impõem a centenas de nações submetidas, não mais aos desígnios da natureza, mas às "naturais" superioridades de alguns, determinadas pela santíssima trindade do capital: trabalho, lucro, amém. Desígnios e superioridades tão naturais, quanto a vocação "físico-descritiva" da ciência geográfica, como ainda insistem alguns.

De qualquer forma o espaço físico existe, não é uma abstração como são os complicadores políticos e econômicos que nele se digladiam.

Se nele (espaço físico) se vive ou se morre, pode até ser um problema importante, mas de qualquer forma há que descrevê-lo (alguma utilidade terá). Terá? Pelo menos isso a geografia o fará bem. Fará?

Essa opção "avestruz", via de regra, adotamos nós – professores de geografia. Deixamos o curso anormal e irregular das coisas correr. Adotamos uma bibliografia básica, que pode ser do Brasil ou do Japão, ou até de todos os países do globo, não importa, a ladainha é sempre a mesma: o quadro físico, o quadro humano, o quadro econômico. Pode mudar o país, a região, pode até ser o mundo inteiro que essa receitinha didática (lembra aquele antigo drops Dulcora: embrulhadinho, quadradinho...) da geografia não falha. O argumento da separação é sempre o mesmo: o tratamento didático (o estudante é um burro, o professor um incapaz)!

Às vezes são feitas relações. Naquele maciço antigo (geografia física), muito desgastado pela erosão (física), abundam os minerais metálicos (econômica), que são extraídos pelos homens (humana), negros na África do Sul e caucasianos em certas partes da Europa (humanas-etnias).

É o espírito físico-descritivo já contagiando o humano e o econômico e, assim, vai a geografia cumprindo a sua função ideológica: fotografar o espaço. Admirar ou não esta fotografia, mas jamais desvendar seus mistérios ou questionar seus arranjos, pois estes são problemas afetos a outras áreas do conhecimento. Afinal não foi da boca de nenhum geógrafo que saiu a afirmação: "O mundo não foi feito só para ser descrito ou estudado, mas para ser mudado".

Grande parte de nós, professores de geografia, contentamo-nos com o "só" da frase acima, nos sentindo até contemplados, e a reinterpretamos da seguinte forma: ao geógrafo compete a descrição, a outros (sabe-se lá quem) compete a mudança. Assim ficamos em paz com as nossas consciências, transportando para a realidade aquilo que pregamos ser mero recurso didático.

É comum até a seguinte "concessão" no discurso: na realidade tudo é integrado – a natureza, o homem e a economia. No entanto, para efeito de facilidade de compreensão, separaremos os três ramos na sala de aula. É com esse discurso que se quer vender o "peixe geográfico".

Ora, por que não abrir o jogo e afirmar que esta separação é o que acontece na realidade? Desde quando o homem (força de trabalho) é senhor e dono dos meios de produção (natureza, elaborada ou não), ou exerce alguma influência na determinação das relações de trabalho, ou se de certa montanha se deve tirar um ou um milhão de toneladas de minério de ferro?

Se, na realidade, a grande "sacada" do capital foi a separação dos homens dos meios de produção, não há porque subverter esta ordem, isto é, a geografia física tem que se separar da humana e os homens da economia.

O ensino, enfim, não é contraditório com a realidade na qual se insere. É, no máximo, contraditório com a construção de outra realidade que vislumbramos mais justa ou desejável.

A separação – física x humana x econômica –, sacramenta ideologicamente o vencedor da disputa capital x trabalho. A nós, professores de geografia, compete o papel de "manter esta chama acesa". Isto é, mostrar ou descrever o quadro natural dos espaços, ressaltar as potencialidades e/ou fraquezas, desvendar as possibilidades. Descrever da mesma forma os homens que habitam neste espaço, sua origem colorida e cultura, sua homogeneidade, ou heterogeneidade, seu ritmo de crescimento e de falecimento. Depois, num capítulo à parte, a realização das possibilidades, a descrição dos resultados que chamamos de econômicos e aí desfilamos na agropecuária, no extrativismo, na indústria, no transporte, no comércio, o quanto se faz, o quanto não se faz, etc.

Via de regra, o ponto de partida é a descrição do quadro físico, mesmo que isto não traduza uma visão intencionalmente determinista; já que se vai partir de alguma coisa, por que não partir do "palpável", daquilo que primeiro salta aos olhos? Assim, vai-se descobrindo o "não palpável" e, aos poucos, enxerga-se o homem nesta paisagem.

E, depois, o resultado de seu trabalho (que, de preferência, não deve ser reconhecido como resultado do seu próprio trabalho). Dessa forma, começamos pelo "geográfico" e, depois, acrescentamos os "acessórios", que lhe dão vida.

Há quem ache que esta abordagem, por mais que se diga o contrário, é determinista e criticável. A saída, então, seria inverter a ordem, isto é, começar pela economia e depois desembocar no quadro físico, mostrando alguns resultados, algumas limitações, completando o estudo "geográfico" (com a geografia?), tentando fazer com isso uma minimização da importância da física para o estudo geográfico, ressaltando a importância dos chamados quadros humano e econômico, subvertendo a "mesmice" e, por tabela, convencendo o aluno de que geografia é ciência humana. Ciência humana começa pelo homem, o homem termina na terra, a geografia também. Se algum aluno questionar a inversão (demonstrando impaciência por chegar à geografia – lá no último capítulo), cobre-lhe uma nova postura, convença-o de que o quadro físico deve vir no fim, pois ele é resultado; se vier no começo aparece como determinante, e isto ele não é.

E se não for nada disso, se esse discurso nem a nós convencer (não convence), é uma outra coisa qualquer que não sabemos qual é, mas acabamos descobrindo.

O QUE FAZER COM O QUADRO FÍSICO?

Em primeiro lugar, é bom ter claro que ele não é resultado, originalmente, de trabalho humano, mas a conjunção de forças físicas ou naturais. Assim, em princípio, não determina nada nem é determinado por coisa alguma, construção que é de sua própria dinâmica. Tanto faz para um estudo geográfico o lugar onde colocamos a descrição do quadro físico. No início ou no fim? Isto é o que menos pesa no resultado. O problema é buscar resumir o papel da geografia nessas descrições, principalmente considerando-as como quadros originais de dinâmicas imutáveis, excluindo da análise os aspectos interativos que a presença humana veio complicar. Em suma, a necessidade de estudo da natureza (que chamamos de quadro físico), não deve ser pretexto para o desenvolvimento de uma geografia metafísica. "Para o metafísico, as coisas e suas imagens no pensamento, os conceitos, são objetos de investigação isolados, fixos, rígidos, focalizados um após o outro, de *per si*, como algo dado e perene. Pensa só em antíteses, sem meio-termo possível; para ele, das duas uma: ou sim, sim; ou não, não; o que for além disso sobra. (...) Para ele, uma coisa existe ou não existe; um objeto não pode ser ao mesmo tempo o que é e outro diferente (...) absorvido pelos objetos concretos não consegue perceber sua concatenação (...) obcecado pelas árvores não consegue ver o bosque. (...) todo ser orgânico é, a qualquer instante, ele mesmo e outro; a todo instante, assimila matérias absorvidas do exterior e elimina outras do seu interior; (...)" (Engels, 1975, pág. 39).

A geografia metafísica se desenvolve, portanto, toda vez que, na abordagem da natureza ou do quadro físico, excluímos o homem, suas necessidades, suas interações, etc. É a abordagem do quadro físico que deve incluir o homem, naturalmente, não o livro didático ou o curso que se pretenda dar. E isto elimina a falsa polêmica do começo ou do fim.

No entanto, é bom que se tenha claro que o detalhamento da dinâmica natural não interessa, a não ser por mero conhecimento diletante ou por necessidades técnicas específicas. O que não é o caso do propósito do ensino médio de geografia.

A geografia é ciência da sociedade que busca compreendê-la nas suas realizações e injunções históricas, espacialmente definidas. A escala de tempo do fenômeno geográfico é, portanto, histórica. A história, por sua vez, realiza-se num determinado período de tempo de uma escala que é geológica, aparentemente incompreensível para o homem, que vive uma outra escala de tempo, uma outra dimensão, quando a vive.

Este é sem dúvida o primeiro problema e o primeiro passo a se superar. Como entender a escala histórica dentro da escala geológica, se é que isto é possível?

A Terra e sua dinâmica (que não é lenta nem rápida, mas apenas sua dinâmica), desenvolve-se segundo uma escala geológica, vale dizer, lenta segundo o referencial de tempo dos homens, mais lenta ainda segundo o referencial de certos organismos, cujas vidas não ultrapassam as 24 horas de duração. O tempo histórico, teoricamente, insere-se no tempo geológico, sendo um período de sua existência.

Raciocinemos por uma hipótese hoje não tão absurda: o homem, se quiser, pode pôr fim à história geológica da Terra, simplesmente porque pode dar cabo do planeta (estamos na era atômica). Assim, chegaríamos à absurda conclusão de que o tempo histórico só será o preponderante com o fim da própria Terra, o que significaria também o fim da própria história.

Não há, portanto, possibilidade de exclusão ou de vislumbramento de um possível vencedor desta "disputa". No entanto, pensando no tempo presente, a partir de uma preocupação que não seja nem só histórica nem só geológica (ou da dinâmica natural do planeta), mas genericamente geográfica, deveríamos no mínimo encarar o fato de que há uma terceira dimensão escalar, obviamente surgida por "culpa" de determinações históricas, mas fruto da convivência interativa e do entrechoque das várias dimensões que, via de regra, são analisadas na base do sim-sim ou do não-não.

Isto sem dúvida deveria ser objeto de nossa reflexão e análise, não só porque queremos eliminar o caráter metafísico da ciência geográfica, mas também porque queremos compreender a sua existência enquanto área do conhecimento, que tem um objeto definido ou a se definir.

POR ONDE COMEÇAR A REFLETIR?

Não houve espécie animal surgida no transcurso da história geológica da Terra que mais subvertesse a noção de tempo. Criou o seu próprio, disputando com o planeta e ganhando longe na velocidade.

O tempo geológico, ao sabor das forças naturais, tem o seu ritmo e uma história escalar que pode ser recomposta. Para a geografia, a recomposição da escala geológica interessa na medida em que possa nos ajudar a dimensionar a escala temporal humana que, diferentemente, mas também de início, ao sabor das mesmas forças naturais, impôs o seu ritmo e a prevalência de forças sociais. O "tempo-homem", por imposição das forças sociais, é arrítmico. Tende a encurtar (ou até eliminar) a cronologia dos fenômenos tanto sociais como naturais.

O homem adquire consciência do ritmo natural, compreende o ritmo da escala geológica, quando resgata sua própria escala histórica, analisando os passos evolutivos concretamente dados, que se espalham em espaços materialmente definidos.

Desde que o homem se "fez" história, as contradições ou forças sociais têm determinados avanços significativos para o aprimoramento das relações de dominação, que passaram a se estabelecer entre as classes nos mais diferentes tempos históricos. A dimensão do tempo histórico é, portanto, uma dimensão que se compreende ou se desvenda, entendendo o sentido da dominação.

Não é apenas uma questão de tempo de duração! A efetivação dessa dominação significa um confronto com o ritmo da natureza, porque introduz elementos que modificam esse ritmo, determinando a substituição das forças naturais pelas forças sociais. A acumulação não pode se processar ao sabor dos ventos, ela cobra uma racionalidade construtiva onde tudo e todos tenham um único objetivo: acumular. Mesmo que a acumulação não tenha objetivo algum.

A perspectiva é sempre a imediata: manter a dominação, aumentar a acumulação.

Por paradoxal que seja, o homem não submete e não submeterá a natureza, pois não tem domínio sobre as forças naturais (pensadas, é claro, na escala geológica). O homem submete ou explora o próprio homem, cuja maioria se converte em bilhões de ferramentas, devidamente comandadas e dominadas para transformar a natureza em recursos que proporcionem a acumulação para uma pequena parcela desses mesmos homens.

Desde uma perspectiva histórica, portanto, não há base de comparação rítmica (mais ou menos lenta), pois não existem objetivos racionalizados para o fenômeno natural, como existem para o social. O tempo histórico é inegavelmente mais recente se localizado na escala geológica. Podemos até considerá-lo como um dos períodos "microscópicos" da história geológica do planeta. Objetivamente para quê? Conter nossa arrogância? Diminuir a importância do processo histórico?

Isso descomplicaria o problema do enfoque, mas não solucionaria a formulação que buscamos para aquela 3ª dimensão escalar-temporal, fruto desta "intromissão" da história no ritmo "lento" e natural do planeta.

O interesse, portanto, da abordagem da escala geológica para o ensino médio da geografia não deveria ser o de apenas listar períodos, eras e seus respectivos fenômenos. Todos sabemos que estes não passam de pré-ficções científicas, "hipotéticas", que só adquirem importância para a geografia na medida em que contribuem para o dimensionamento histórico do homem, num espaço cheio de contornos políticos, cuja escala de tempo não é ficcional nem hipotética e cujos séculos, para quem tem sido submetido à dominação, são muito mais longos do que os quatro bilhões de anos do pré-cambriano. Se os continentes podem se dar ao "luxo" de demorar centenas de milhões de anos para se separar, quanto tempo pode o capital esperar para contorná-los politicamente? E o homenzinho famélico, quanto tempo pode esperar para usufruir os resultados da acumulação?

Qual será, enfim, nossa abordagem histórica? Geológica? Ou, finalmente geográfica?

Se a opção é a geográfica, claro está, por tudo que dissemos, que a ênfase na concepção do tempo histórico deverá ser levada aos alunos. Nesta perspectiva, o enfoque deve ser o de prioritariamente explicitar o prevalecimento das forças sociais ou históricas sobre as forças naturais, inclusive na determinação do ritmo daquilo a que chamamos de natureza, a partir do momento em que a história humana passa a se desenvolver.

É importante também desvendar as tentativas de racionalização objetiva do tempo histórico: a busca da acumulação, e o aprimoramento da dominação, travestidos de busca do progresso. Além do mais, se existem forças sociais em conflito (e elas existem), quais têm levado a melhor? Por quê? Quais as consequências espaciais disso? E o retorno destas consequências para o próprio homem? Só para ilustrar, caso este "papo" de espaço ainda esteja abstrato para alguém, basta pensar, por exemplo, num continente africano com suas milhares de nações "acondicionadas" em seus mais de cinquenta países.

Claro está que apenas a listagem dos fenômenos físicos, ao longo das eras geológicas, não contribui para a elucidação destas questões. Por que esta ênfase, então, que os livros didáticos e cursos insistem em dar? Por que a introdução do homem no tempo geológico é colocada apenas como sendo algo recente ou episódico (período cretáceo: fenômeno répteis gigantescos; período ordoviciano: fenômeno anfíbios; período quaternário: fenômeno homem, glaciações)? Por que não colocar o homem como aquele que criou a noção de tempo, subvertendo sua própria criação? Não é tão simples assim desvendar as características ideológicas que a dimensão do tempo ganhou.

Refletir sobre estes questionamentos é dar dimensão de importância ao potencial de transformação e de subversão que os homens têm. O que, afinal, tanto pode ser utilizado para dar significação às suas existências, ou não. Daí, os aspectos interessantemente ideológicos imprimidos pelas tentativas que se utilizam da escala geológica de tempo para mostrar o caráter "insignificante" e "episódico" da existência humana. O homem, "esse calouro terrestre se curvando diante da grandeza de um colega de fenômeno: um veterano paralelepípedo de granito"!

O tempo histórico é inconcluso. Hoje, quem comanda e corre é ele. O espaço terrestre, no tempo presente, tem sido produzido ao longo e por causa das injunções históricas. Se entendemos que o objetivo da geografia é o entendimento dessa produção histórica e seus reflexos no espaço, a abordagem das escalas de tempo deve ser outra. A isso tudo chamaremos de escala geográfica do tempo. Assim, batizamos geograficamente aquela 3ª dimensão escalar que, afinal, é o nosso objeto de estudo.

PODE A GEOGRAFIA PRESCINDIR DE UMA ABORDAGEM FÍSICA?

Não, sob pena de subtrairmos a base material onde a produção espacial se desenvolve através de seus arranjos econômicos e sociais.

Se propusemos uma visão geográfica para a abordagem da questão tempo (assim batizamos a nossa escala temporal – aquela em que a história ganha dimensão de importância e destaque na escala geológica), demarcamos o esboço do campo ideológico por onde transitaremos com nossa abordagem e ensino de geografia. É nesse campo que deve ser vista também a abordagem dos recursos naturais.

Pensando no arranjo espacial do planeta, o homem, em toda a sua existência, não fez outra coisa que não seja aprimorar as técnicas das limitações: ampliando ou retraindo mercados, discriminando, "inventando fronteiras". Aí a natureza não passou de recurso ou "palco" privilegiado onde a imposição dos limites se desenvolveu. Claro está que a existência politizou-se, então, ou politizamos a discussão e transmissão dos chamados conhecimentos geográficos (em sua abordagem física), ou essa dimensão política (isto é, "dos limites que os homens se impõem para conviver")[1] dificilmente será captada pelos alunos.

A descrição apenas dos quatro itens normalmente abordados em física: relevo, hidrografia, clima, vegetação, mesmo que se leve o aluno a compreender e estabelecer relações (relevo de planalto-rio não navegável; solo com deficiência de nutrientes-clima tropical-cerrado), acaba sendo uma discussão especializada que só interessa ao profissional de uma área específica (pode até ser um geógrafo), mas que os programas de ensino médio, seja na área de geografia regional, de grandes temas ou do Brasil, nos impõem. O pior é que diante das imposições, nos acomodamos num tratamento do fato natural, desconectado das imposições humanas, sem sequer explicitar a que esse tipo de abordagem se presta e qual a sua importância para o estudo geográfico. Depois é reclamar dos alunos que amesquinham o conhecimento geográfico limitando-o ao estudo dos fatos naturais!

Politizar esta abordagem é, hoje, trazer a questão ambiental à tona, ou se preferirmos, dar um tratamento ecológico ao estudo do quadro físico e, de resto, a qualquer estudo geográfico. A abordagem ecológica tem o grande mérito de explicitar a imposição dos limites que os homens se impõem a si mesmos na busca de suas realizações sociais, tendo como pano de fundo a própria natureza. Além do mais, se não pretendemos desenvolver um conhecimento que seja a-histórico, isto é, completamente descolado da realidade (inclusive da que queremos construir), não há como negar que a questão ambiental é a preocupação central deste final de século.

COMO SURGIU ESSA PREOCUPAÇÃO CENTRAL?

Afora os "modismos", a verdade é que a natureza, que sempre forneceu graciosamente ao homem – principalmente o de posses – elementos que viabilizassem os mais diferentes graus de conforto e "desenvolvimento", está agora cobrando caro essa "generosidade".

Os minerais se esgotam, os desertos avançam, a atmosfera se desfigura, as águas apodrecem, as florestas estão sendo liquidadas etc. Sem dúvida, a persistir este ritmo, em poucas décadas o "desconforto" terá atingido, indiscriminadamente, todos os homens. É o vislumbramento desta perspectiva catastrófica que começa a colocar a questão ecológica como a preocupação número um deste final de século.

Os homens não são iguais, são indivíduos forçosamente homogeneizados de acordo com as localizações dos seus agrupamentos (nações inteiras ou classes sociais) dentro das estruturas econômicas. Dessa forma, a questão ecológica não se coloca com o mesmo grau de intensidade para todos eles. Os recursos da natureza sempre foram mais "dadivosos" para os que a possuem. A natureza conhece, na atualidade, um alto grau de privatização e suas benesses são usufruídas diferentemente, não segundo critérios de respeito às individualidades e necessidades humanas, mas, sim, segundo critérios de poder.

Se consequências danosas advêm do usufruto dessas benesses, essas, sim, são "socializadas" para os que não fazem parte do círculo restrito de "privatizadores" da natureza. Mesmo porque, para estes "sempre restarão" espaços ensolarados e verdejantes. Pelo menos crê-se nesta ilusão.

No entanto, estas possibilidades se esgotam, mesmo para aqueles círculos restritos. É hora então dos partidos verdes, dos grupos ecológicos, dos comitês naturais de seitas apocalípticas. E aqui as águas se dividem. De um lado, uns questionam o próprio modo de produção, responsabilizando-o pelo desastre, acenando com novos parâmetros para os cálculos econômicos (que não sejam os do consumismo e acumulação), cobrando dos homens uma nova concepção no trato com a natureza, isto é, um novo arranjo econômico. De outro lado, vêm aqueles que propõem verdadeiras "comunhões" classistas para despertar o "inconsciente ecológico" que dormita no "bicho-homem" e, assim, todo mundo ganha o seu quinhão de responsabilidade num processo secular de destruição de um patrimônio que, para muitos, apenas significa sobrevivência e, para uns poucos, supervivência.

A nós cabe uma opção, posto que a questão ecológica é também ideológica, e a tal da irresponsabilidade generalizada dos homens no trato com a coisa natural é álibi ideológico, cujo fundamento é o mesmo da ganância colonial: "(...) durante vários séculos, dividiram a humanidade em cristãos e pagãos, depois em civilizados e 'selvagens', considerando-se os primeiros como portadores de uma superioridade incontestável e congênita sobre os segundos (...); enquanto existiam os elos estreitos da dominação colonial, e enquanto se procurava mantê-los por bem ou por mal, admitir que as populações colonizadas estavam na miséria era, numa certa medida, reconhecer o fracasso desta famosa missão civilizadora, álibi ideológico da colonização. A maior parte dos colonizados tornou-se independente, desapareceu progressivamente o 'tabu' (Josué de Castro) que impedia os 'civilizados' de ver, de admitir que cerca de três homens em quatro passavam fome. Hoje, a miséria, a doença, a ignorância, a fome são denunciadas pelas personalidades mais diversas. Mas ainda há poucos anos na França, tais propósitos eram ideias subversivas e caíam sob a guante da lei e da investigação policial". (Lacoste, 1966, págs. 11-12).

Da mesma forma que nunca se encontraram os culpados dos estragos coloniais e do subdesenvolvimento, a destruição do patrimônio natural é também outro crime sem culpado, ou na pior das hipóteses, é o preço do "progresso".

A ganância do capital sempre teve essa peculiaridade: seus confortos atingem uns poucos e, via de regra, são "dádivas divinas"; seus desastres atingem uns muitos e, não raro, são frutos da ignorância e irresponsabilidade dos "selvagens" ou "pagãos".

Assim, quando se fala na questão ambiental, ou se leva em conta que a relação homem-natureza é uma relação desigual, onde se confrontam forças desproporcionais e que, nessa relação (que é econômica e política por excelência) prepondera a relação homem-homem, também desigual e desproporcional; ou então escondamos o jogo, voltemos para os nossos livros "didáticos", desenvolvamos a velha geografia (meta)física.

Decididamente, a descrição, o inventariar de recursos, obstaculariza todas essas discussões, na medida em que omite os objetivos dos homens no trato com a natureza.

PARTAMOS, ENTÃO, DE ALGUMAS PRECONCEPÇÕES

Como já dissemos no início deste trabalho, é senso comum e concordância geral que a geografia não se limita apenas às descrições de "quadros", sejam eles humanos, econômicos ou físicos. Este "senso comum" nasce de concepções que hoje predominam na ciência geográfica e que entendem que o homem é o grande "arranjador" do planeta. Hoje, tudo funciona como ele quer e tudo se molda às suas necessidades.

No entanto, quando isso não ocorre em algum canto do mundo, dizemos que se trata de agrupamentos com baixo conhecimento tecnológico, com fracos recursos etc. Mas cá para nós, sabemos muito bem que para que a natureza (ou o planeta e seus recursos) seja extremamente submetido e utilizado em certas regiões, ou por certos agrupamentos, é necessário que ele seja subutilizado, pouco submetido e, mesmo assim, muito maltratado em outros.

Claro está que os tratos diferenciados que observamos nas relações dos homens com a natureza são frutos das próprias relações desiguais que os homens estabelecem entre si. O estágio de "ignorância" ou de pouco "domínio tecnológico" de certos agrupamentos é necessidade imposta pelo relacionamento desigual, caso contrário a acumulação não se processaria na forma como se processa.

A conclusão que deveríamos tirar daí é a de que se o planeta está hoje, claramente submetido aos desígnios da dominação econômica, o espaço natural Terra já recebeu há muito o "carimbo" geográfico. E este "carimbo" tem hoje o sentido que o desenvolvimento histórico lhe imprimiu (como já abordamos).

ONDE ESTÁ ENTÃO O ESPAÇO NATURAL?

Há muito que foi para o espaço e, diga-se de passagem, que o homem já botou em seu encalço os foguetes e engenhocas que as desigualdades terrestres construíram.

Ora, se muito do que dissemos é óbvio, não tão óbvia assim é a constatação de que se a Terra é hoje um espaço geográfico produzido por relações econômicas bem caracterizadas, todas as suas regiões também são, por mais diferentes e "naturais" que aparentem ser, pois diferenciação espacial e desigualdade econômica são faces da mesma moeda. Podemos até dizer que, em certas regiões, as paisagens "naturais" afloram ou subsistem aqui e acolá, isto é, as paisagens não estão ainda, em certos locais, completamente "aculturadas". Mas isso só é possível porque as relações de produção e as forças produtivas nestas regiões ocorrem espacialmente ainda mais concentradas do que em outras (compare a Europa com a África, ou os EUA com a Índia). Isto pode significar que as relações de produção e as suas consequências no trato com a natureza (uso do solo etc.), não submeteram todos os rincões. O que é perfeitamente compreensível dentro do quadro de diferenciações econômicas que os grandes centros do capital impõem. Caso contrário, seria apenas mera coincidência o fato de que regiões com paisagens "naturais" em maior quantidade, são muito mais comuns justamente em países subdesenvolvidos.

São na realidade mais que paisagens, são reservas estratégicas do grande capital[2].

Diante disso, como encarar, a título de exemplo, essa explicação tão comum: "o interior do continente africano, ao contrário do seu litoral, é despovoado por causa da presença da mosca tsé-tsé e também por causa de suas paisagens inóspitas" (*sic*). Ou, como considerar a seguinte proposta: "transformar parte da Amazônia oriental em área de risco ecológico para depósito de lixo atômico" (*sic*)[3]? Estes dois exemplos evidenciam, de um lado o uso ideológico que se faz da natureza e, de outro, o tipo de destinação que lhe está reservada.

Está claro, voltamos a insistir, que não encontraremos a explicação de nada disso que estamos apontando na história geológica da Terra e nem na análise dos agentes internos e externos das forças naturais, mas, sim, na história dos homens e na análise, se quisermos, dos agentes internos e externos do capital.

Em suma, a geografia não pode dedicar-se, nem a nível de aprendizado, nem a nível de ensino, a tratar de um espaço que na realidade não existe, qual seja, o espaço natural. E isso se faz ao descrevê-lo como se tivesse uma dinâmica própria.

MAS ESSA É UMA DISCUSSÃO ACADÊMICA, COMO TRANSPORTÁ-LA PARA O SECUNDÁRIO?

Ora, é objeto da geografia o estudo do espaço, como se arranja, como se produz, que relações se estabelecem. Contribui para a realização desse objeto o desvendamento das chamadas partes invisíveis das paisagens, sejam elas "naturais" ou não.

Esta constatação pode até ter um enfoque acadêmico, mas não pode única e exclusivamente restringir-se à academia, sob pena de simplesmente não ensinarmos geografia de fato no secundário. Qual o objetivo de um curso de geografia no Brasil para o segundo grau? Só pode ser a tentativa de realização daqueles objetos e objetivos, definidos por nós como sendo geográficos. Só isto instrumentaliza o aluno para a compreensão e a intervenção na realidade que o cerca.

Levar o aluno a ser "vítima" de uma discussão "acadêmica" sobre o objeto da geografia, se o planeta é ou não espaço geográfico, se as paisagens "naturais" e "humanizadas" convivem com maior ou menor intensidade nas várias regiões, se estas paisagens são resultados de relações espaciais que são temporais e econômicas, pode simplesmente não ser correto. Mas menos correto ainda é omitir que a preocupação geográfica hoje gira em torno disso.

Por causa de certos receios, esses "sim" tipicamente acadêmicos, levaremos o aluno a ser, aí sim, vítima de um aglomerado de constatações descritivas sobre, por exemplo, as paisagens brasileiras nos seus mais variados aspectos, classificados arbitrariamente em físicos, humanos e econômicos? Achamos, verdadeiramente, que com isso estaremos fornecendo ao aluno um conhecimento adequado do espaço brasileiro?

Ora, estaremos ensinando tudo aí: conhecimentos "de almanaque", curiosidade etc. Teremos bastante material para ser cobrado numa possível prova, poderemos pedir trabalhos sobre temas diversos, mas efetivamente a geografia foi para o espaço.

Tente, por exemplo, convencer um aluno de 3º colegial (fim de feira) de que a geografia serve para algo mais que não seja desculpa ou justificativa para se dar aulas de geografia, ou observe sua cara de espanto diante de uma afirmação como a de Lacoste: "a geografia serve antes de mais nada para fazer a guerra".

É essa, verdadeiramente, a impressão que se tem: a de que a geografia serve apenas para se dar aulas de geografia. Sem dúvida que o mesmo não ocorre com todas as outras ciências ministradas no 2º grau. Pensemos nisso! O que se debate aqui não é a diferença entre discussões acadêmicas ou não. Mas o completo descolamento entre a conceituação que a ciência geográfica vem ganhando (ciência do espaço produzido por relações econômicas), com o aglomerado de informações que transmitimos com auxílio dos livros didáticos e apostilas aos alunos de 2º grau. Pensemos como é abordada a produção de matérias-primas que, na divisão do trabalho, tornou-se a grande especialização da natureza.

Por exemplo, o Brasil é sabidamente um dos grandes produtores de minério de ferro do mundo e suas jazidas apresentam um dos maiores potenciais deste e de outros minérios. Esta constatação, ao lado de outras, é suficiente para que nos capítulos inaugurais dos livros didáticos se enalteça o grande potencial de riquezas deste "continente" chamado Brasil (sic).

COMO ABORDAR GEOGRAFICAMENTE ESTE FENÔMENO?

Não se é rico em minério de ferro em determinada região, não porque a formação geológica daquele local (terrenos cristalinos – escudos antigos do proterozoico) assim o determinou, mas porque o ferro adquiriu valor de utilidade para os homens, que "sabiamente" a ele incorporaram trabalho (explorado), o que lhe atribuiu um valor de troca. Em muitos casos (necessariamente se é matéria-prima explorada em país subdesenvolvido) este valor de troca não resulta em pagamento do custo social exigido para extração e produção da matéria-prima. Isto quer dizer que muitos países tidos como "ricos em minério de ferro ou outras matérias-primas" acabam sendo "pobres em minério de ferro", ou pobres por causa dele. E aquele enorme "potencial de riqueza" acaba se revelando, na prática, um grande potencial de pobreza.

Querer explicar para um aluno a situação acima, com base nas forças naturais, na escala geológica etc., evidentemente não dá. Não dá também para se trabalhar ao nível das intenções, isto é, pegar o esquema tradicional proposto por 99% dos livros didáticos, enxertando suas compartimentações com discussões e alertas nas salas de aula. Não dá porque estabelece-se uma disputa entre a palavra impressa do autor e o esforço verbal do professor. No fim, acaba prevalecendo aquela ideia de que a estrutura do conhecimento do espaço brasileiro acaba tendo sua melhor realização naquela apresentada pelo material didático. No fim das contas, será o "melhor" material de estudo para o aluno, seu grande referencial de conhecimento e com o qual o aluno terá, inegavelmente, maior convivência. Poderá pendurá-lo numa estante e, sempre que visualizado, trará ao aluno aquela lembrança de quão suada e cansativa era a decoreba infinda em que ele tinha que se atirar para conhecer os detalhes da geografia do Brasil. Nesta altura do campeonato, onde estará o blá-blá-blá do professor (aquele papo complicado) e aquelas cópias malfeitas no precário mimeógrafo a álcool da escola, com os quais alguns poucos professores tentavam ampliar a discussão?

E OS PASSOS A SEGUIR?

Sem querer fugir da raia, nossa preocupação não é a de propor passos concretos dentro do desenvolvimento de um programa didático que pudesse ser levado a cabo pelo professor. Não nos sentimos em condições para isso e também não nos propusemos a realizar um livro didático. Nosso propósito é o de levantar pontos para discussão (o fruto tem que ser comunitário) e estabelecer metas, apontando também alguns meios para isto. É o que acreditamos estar fazendo.

Partimos de uma crítica e também de uma autocrítica, daquilo que realizamos com a geografia dentro das salas de aula, quando deixamos de ser alunos das preocupações espaciais e passamos a ser professores.

Por tudo que já dissemos, o importante é que se tenha claro o que se quer ensinar e quais os objetivos deste ensino. Queremos que se enquadre a geografia como ciência do espaço, que o discute, explica-o e, desvendando seus "mistérios", fornece elementos para sua modificação e aprimoramento.

O espaço geográfico é um fenômeno de escala planetária que, nas escalas locais e regionais, manifesta-se em paisagens com maiores ou menores graus de humanização e aculturamento.

Fica claro, portanto, que a "geografia" que se presta à descrição das paisagens "naturais" presta um serviço muito pouco geográfico. Portanto, qualquer local ou região sobre o qual se pretenda realizar um estudo geográfico requisita, de quem pretenda isso, um desvendamento dos processos históricos daquilo que fisicamente se manifesta na região em estudo, sejam estas manifestações "naturais" ou não. Tanto um grande arranha-céu como uma montanha coberta de mata são manifestações físicas que visualizamos e entendemos, hoje, como frutos de um desenvolvimento histórico que se processou nestas paisagens. Mesmo que no arranha-céu seja inferida, sem muito esforço, a presença de trabalho (mesmo porque arranha-céu não cresce à toa na natureza), da mesma forma também, só que com um pouco mais de esforço, podemos detectar a "presença" do trabalho na montanha. No mínimo ela está mapeada, tem um potencial de riqueza ou de pobreza, não tem mais, portanto, uma dinâmica própria que dependa única e exclusivamente da atuação de forças naturais, porque hoje são as forças históricas que acabam determinando a sua utilização ou não. Assim, a dinâmica que submete todas as paisagens acaba sendo uma dinâmica única, fruto de determinações históricas e das "necessidades" sociais, que denominamos de dinâmica do espaço geográfico.

A ênfase, portanto, no desenvolvimento da escala de tempo histórico e a explicitação da sua capacidade de atropelamento e de imposição de novas determinações à escala de tempo geológico, como já abordamos no início deste trabalho, é que instrumentalizará o aluno para a compreensão do espaço geográfico e suas manifestações paisagísticas.

A elaboração de conceitos e a compreensão de dinâmicas particulares de fenômenos naturais ou sociais, como por exemplo: dinâmica das massas de ar, coberturas vegetais, geomorfologia, urbanização, industrialização etc., deve ser algo que surja como necessidade imposta para maior compreensão das manifestações paisagísticas, no sentido de ajudar a desvendar os "mistérios", aos quais já nos referimos. Por exemplo, num estudo sobre Cubatão (SP) concluiremos que, entre as várias ameaças que pesam sobre a população local, é grave a possibilidade de deslizamento da encosta. Para compreendermos melhor esta situação e, até para nos convencermos dela, não bastará constatar que a dinâmica atual se alterou pela presença do parque industrial (dos mais poluidores do globo), mas teremos de estudar também o efeito da intensa pluviosidade em encostas tropicais, o manto de intemperismo, o escoamento superficial etc. – se é que se quer chegar a alguma conclusão sobre a destinação que se dará à região e até que ponto a eliminação da ameaça implica apenas remover os entulhos assoreados pelos rios, ou desativar o próprio parque industrial.

Os momentos, então, de elaboração e desenvolvimento dos conceitos, vão aflorando na medida em que o trabalho de investigação geográfica, como tradução espacial da escala histórica, vai se materializando nas realidades concretas.

Devemos transmitir a visão de que as paisagens devem ser encaradas como verdadeiros laboratórios, onde as marcas de processos pretéritos se farão presentes, entrarão em choque com processos atuais e determinarão processos futuros. Assim a dinâmica destas paisagens vai sendo retrabalhada e modificada, determinando novas características físicas. A isto chamamos de dinâmica geográfica e enxergamos no homem e suas contradições as grandes forças (não exclusivas) que intervêm e atuam nestes processos. Por isto ele é histórico e sua caracterização possibilita ao aluno uma visão de si, explicitando até mesmo a capacidade que ele tem ou não de intervir nessa dinâmica.

Esta perspectiva de ensino terá que ser ministrada ao longo da convivência geográfica do aluno na escola, que inclui o ginasial e o colegial, em no máximo duas horas-aula semanais. Como já dissemos, não temos a pretensão de estabelecer, ao nível de detalhe, os pontos programáticos a serem desenvolvidos nas várias séries dos dois graus. Temos claro, no entanto, que sem uma boa instrumentalização ao nível da compreensão da dinâmica das forças sociais no desenvolvimento da escala histórica, determinando dinâmicas particulares (para as "geografias" – física, humana e econômica) o desvendamento das paisagens, isto é, detectar ao nível das implicações espaciais, as relações econômicas, fica bastante prejudicado.

E AS PAISAGENS "NATURAIS" DO BRASIL? (COMO SÃO TRABALHADAS, COMO DEVERIAM SER?)

Não costumamos colocá-las dentro do contexto de análise que viemos desenvolvendo, apesar disto ser imprescindível para que se compreenda, inclusive, o significado da condição de "natural".

As paisagens "naturais" do Brasil são verdadeiras "reservas estratégicas" para o capitalismo brasileiro que, por sua vez, está subordinado aos centros do capitalismo internacional. Diga-se de passagem que esta não é uma característica apenas do Brasil, mas de todo o Terceiro Mundo.

Não é por outra razão que quando se fala em expansão da "fronteira agrícola", os privilégios são dados às culturas exportativas, redistribuindo o campesinato, criando condições de "tranquilidade" para a expansão dos latifúndios. Ou então, quando se fala em ocupação da Amazônia, logo nos vem a associação com grandes projetos agropecuários e minerais, todos geradores de divisas (dólares), na sua totalidade, associação atada aos compromissos do endividamento externo (que é o que materializa a situação de dependência hoje).

É este, *grosso modo*, o dinamismo que a situação de subordinação às necessidades de capitalismo monopolista e financeiro internacional impõe ao espaço brasileiro. É desta forma que o nosso espaço se reproduz, isto é, acompanhando as necessidades de reprodução do capitalismo internacional que imprime no território paisagens necessariamente diferenciadas e desiguais, cuja compreensão só se desvenda ou se capta, caso encaremos o espaço geográfico como algo subordinado a uma dinâmica única (que é hoje um espaço de atuação) ou a serviço dos monopólios.

Não tem sentido, portanto, chamar de quadro físico o estudo ou a descrição de "paisagens naturais", se este estudo e descrição pretendem-se geográficos. Pois o quadro, ou espaço físico brasileiro, inclui todas as paisagens cuja existência o contato simplesmente visual nos permite detectar. O trabalho geográfico consiste em compreendê-las como manifestações diferenciadas daquela dinâmica única a que nos referimos, e verificar se características particulares (que podem até ser a dinâmica natural local) têm também algum peso nessa diferenciação.

Há ciências cuja preocupação é o desvendamento da dinâmica natural. Para estas, as minúcias climáticas, geomorfológicas, geológicas, hidrográficas, botânicas etc. são o objeto de suas análises e estudos. Portanto, não estamos negando em absoluto as especificidades da física, da química, da biologia, da botânica, da geologia etc. Nem estamos discutindo a validade ou não da inclusão destas disciplinas nos currículos do ensino médio, mesmo sabendo de antemão que muitas delas devem, necessariamente, integrar um currículo que se proponha transmitir conhecimentos suficientes (mesmo que básicos e gerais) para uma formação universal do aluno (o que, em linhas gerais é o que se propõe no ensino médio).

O que nos propusemos a discutir é simplesmente a nossa área de atuação, o nosso objeto de estudo, enfim, a geografia que levaremos para nossos alunos, o que não se confunde com as especificidades das outras áreas de conhecimento. Não há, por exemplo, melhor pessoa para falar das características da formação vegetal cerrado, do que um professor de biologia numa aula de botânica. Por que nos preocupamos em fazer, então, sínteses malfeitas e superficiais sobre as formações vegetais do Brasil?

Normalmente, nos livros didáticos de geografia do Brasil, inclui-se um capítulo com as formações vegetais, onde se destacam as espécies principais, as características físicas do local, ilustradas por fotografias que nos mostram o porte das árvores ou nos convencem de "como tal mata é impenetrável" (por mais que milhares de hectares estejam sendo negociados ou grilados). Serve de ilustração, também, um mapa, onde geralmente o Brasil aparece inteirinho pintado de verde, como se da Mata de Araucária à Floresta Amazônica a natureza se mantivesse intacta. Lá no fim do capítulo vem um texto complementar sobre, por exemplo, o entrechoque homem-natureza (problemas ambientais, a ocupação da Amazônia, a destruição da Mata Atlântica etc.). Enfim, aquilo que toca o homem ou que por ele é tocado é acessório, texto para leitura complementar. Quer dizer, a geografia foi mais uma vez para o espaço, virou acessório nos próprios livros e cursos de geografia. Isto sem contar os livros onde nem os textos complementares estão presentes.

Mas isto é simplificação, dirão alguns, pois o "homem amazônico" é analisado (*sic*) lá na unidade de população, no capítulo sobre "tipos regionais" e a economia amazônica está lá na unidade de geoeconomia, no capítulo sobre extrativismo ou naquele sobre agropecuária ou sobre transporte etc. Para nós isto é pura mistificação (e não simplificação), ou alguém acha que há condições de se compreender a realidade amazônica, de resto a do Brasil, prosseguindo-se nesta ("tri")cotomia? (os livros didáticos há muito superaram a fase dicotômica).

Assim vai sendo pintada a aquarela brasileira. Na hidrografia, os rios sempre azuis com seus traçados sinuosos preservados, sempre cheios d'água, eternamente enclausurados nos seus leitos. No relevo (geomorfologia e geologia), aquele aglomerado de serras e formações inanimadas, inexploradas. No clima, aquelas chuvas sempre de verão e aquelas secas sempre de inverno. Se por algum acaso a população afogou-se no último inverno ou emagreceu na estiagem do último verão, tudo não passará de anomalia que o discurso (in)competente dos livrinhos didáticos não levará em consideração. "O livro é perene, a população não" (*sic*).

Decididamente não dá para se prosseguir assim!

Há concretamente dois caminhos difíceis de serem seguidos, mas necessários à superação destes "desvios" da nossa "geografia escolar". O primeiro deles diz respeito a como localizamos e que importância daremos ao estudo do "quadro físico" (paisagens naturais). O segundo deles diz respeito a como será feita a abordagem daquilo que consideramos relevante.

Este primeiro passo nos aponta para o fato de que os elementos do quadro físico podem ser referência para qualquer estudo geográfico, podendo até permear todas as discussões e estudos que busquem desvendar as dinâmicas espaciais, desde que se preserve o enfoque de "base material", o que é diferente do enfoque-objeto. O que será tanto mais transparente quanto mais a fundo for a investigação geográfica.

Se, no entanto, em algum trecho do território, essa base material não está bem caracterizada como tal, é porque o estágio das forças produtivas que o ocupam não consegue adequá-lo e transformá-lo nessa base, ou porque há "negligência" com algumas das dinâmicas particulares. É até interessante um maior aprofundamento das particularidades da natureza, nem que seja para desmistificar o peso da responsabilidade que lhe é atribuída nestas situações.

Isto nos coloca diante do segundo passo. A abordagem do "quadro físico" deve desenvolver-se *pari passu* ao desvendamento do espaço brasileiro, cujas determinações já discutimos.

Não diremos que o privilégio da abordagem deve dar-se à geografia econômica e humana, porque essa terminologia está suficientemente desgastada (não queremos que haja margem de confusão com aquele enfoque descritivo e nem estamos propondo uma simples inversão).

Entendemos que o ponto de partida é sem dúvida a sociedade, pois se achamos que é o estudo das dinâmicas humano-econômicas de determinado território, ou até da sociedade (que extrapola esse território), que nos explicita o sentido "impresso" na história (a dominação), não há porque se proceder de outra maneira, pois é isto que explicita o sentido do próprio espaço: "as relações sociais imprimem-se nas paisagens como sobre uma superfície de gravação: memória" (Lacoste; 1977, pág. 149).

Corremos o risco de transformar o ensino geográfico acima proposto em um curso da história? Não, se durante todo o desenvolvimento do estudo a preocupação espacial transparecer, à medida que se desvendem os resultados espaciais de cada passo histórico. Esse desvendamento cobra-nos um conhecimento dos elementos que compõem a "natureza" do lugar, pois o tal resultado espacial incorpora-os em si. Hoje, por exemplo, o enfoque ambiental torna isto bastante claro.

Dizer, no entanto, que não temos esta confusão, não significa negar o fato de que a geografia é ciência histórica. E tem no homem o seu principal protagonista. Talvez por isto tentem desfigurá-la, destruindo este seu caráter e nos transformando (professores de geografia) em "vendedores" de ideologia, pegando em nosso ponto fraco: a descrição da "natureza".

É difícil estruturar-se um curso de geografia do Brasil que se encaminha por aí? Não temos dúvida que sim. Porém, ou encaramos urgentemente esta tarefa, inclusive abrindo uma discussão neste sentido (este é o nosso objetivo), ou continuamos a fotografar e descrever fotografias de um espaço que não queremos eterno, simplesmente por que é injusto para a maioria dos homens e mulheres que o habitam.

O PESO DAS PAISAGENS NATURAIS JUSTIFICA SUA ABORDAGEM: COMO ABORDÁ-LAS DENTRO DO ESPÍRITO ANTERIORMENTE EXPOSTO?

Nesta altura do campeonato já deve estar claro para o aluno que as paisagens naturais não mais apresentam dinâmicas exclusivas e próprias, independentes do que se passa nas paisagens aculturadas. São espaços potencializados, como já dissemos, cuja ocupação em quase nada lhes respeita as dinâmicas particulares.

Sendo assim, não há porque proceder-se ao estudo interpretativo basicamente dos quatro ou cinco mapas territoriais, que normalmente utilizamos para o chamado estudo do quadro físico: mapa de relevo, geologia, hidrografia, clima e vegetação. Esses mapas falseiam a nossa realidade "dita" física, pois indiscriminadamente preenchem o mapa do Brasil com informações erradas, com claros objetivos ideológicos.

Exemplos gritantes são os mapas de vegetação, onde invariavelmente ainda aparecem as matas tropicais, Mata de Araucária, Floresta Amazônica, intactas em locais onde, sabemos, não existe nem mais um cipozinho que seja, para não nos deixar mentir tanto. Nos mapas de relevo, as formações aparecem igualmente intactas nos seus respectivos lugares, mesmo que todos saibam que a Serra do Navio, por exemplo, há muito se deslocou para os EUA! E os rios estão sempre cheios, azuis e eternamente enclausurados em seus leitos: e assim por diante...

Qual o objetivo disto? Recuperar a dinâmica natural dos elementos que compõem as bases físicas do território brasileiro? Ora, mas já está mais do que claro que essa dinâmica não é natural. Então seria o caso de mostrar o grande potencial da natureza brasileira e, por tabela, o grande potencial do Brasil? Em primeiro lugar, uma coisa não tem nada a ver com a outra, pois se dependesse deste tipo de conhecimento geográfico, o Japão não passaria de uma infeliz ilhota do Extremo Oriente; e em segundo lugar: potencial para quem? Para a população? Para "necessidades" de acumulação?

Mas, dirão alguns, há certos enfoques bem-intencionados que, mesmo abordando o quadro físico desta maneira, não deixam de, na abordagem do quadro humano e econômico, expor a situação mais concreta e real das áreas. Louvem-se as boas intenções, mas ainda nos resta a dúvida: por que a compartimentação? Por que esse jogo de empurra? Por que esse mente-desmente? É comum inclusive o argumento de que há que se fazer pequenas "concessões", no caso de livros didáticos, às editoras, pois estas se preocupam com o vestibular e no vestibular ainda se pergunta onde fica a Serra do Navio (e a resposta deve ser Amapá e não EUA), onde fica a Mata de Araucária (e a resposta não pode ser: não fica) etc. Aqui há duas ordens de problemas. Uma é a do próprio vestibular, que mereceria uma discussão à parte, mas apenas os exemplos citados (que são reais) nos indicam que o caminho das nossas críticas está correto, pois, que outro tipo de questões poder-se-ia cobrar de quem é formado da forma como estamos relatando? E a outra ordem de problemas é a questão da concessão, sobre a qual apenas diríamos o seguinte: o que está em jogo não é uma questão de menor importância para o ensino da geografia, mas o seu caráter ideológico e seus objetivos que, no caso, são obscurecidos por aquilo que muitos julgam "simples concessões". Acreditamos que aí há ou ingenuidade e falta de compreensão, ou não há nada de boas intenções.

Acreditamos que seja importante passar a noção de certas dinâmicas particulares, como por exemplo: determinados tipos climáticos implicam determinadas formações vegetais, se levarmos em conta certas características de solo, relevo etc. Mas não se passam esses raciocínios vendendo informações mentirosas, ufanistas ou compartimentadas, como fazem as cartas de aspectos físicos com as quais estamos acostumados a lidar.

Então, um grande passo para uma abordagem coerente com o método que estamos propondo seria uma verdadeira revolução na cartografia didática. Onde, em primeiro lugar, se eliminariam as informações mentirosas e, em segundo lugar, se buscaria a construção de cartas onde se agrupassem os fatos mais importantes que permitissem ao aluno, não uma postura de comodismo pacífico diante das informações que está recebendo, mas que exigissem dele e do professor um esforço de raciocínio, com elementos da natureza e da dinâmica econômico-social para compreensão das informações que a carta lhes dá[4]. Nesse caso poderiam ser de grande utilidade mapas simplificados de uso do solo e de domínios morfoclimáticos, que já incorporassem as relações e inter-relações entre os elementos do quadro físico, humano e econômico.

Ao aluno, cujo campo de interesse é o de conhecer a dinâmica geográfica do espaço que habita (que é essencialmente humana), não interessa a discussão especializada ou detalhada de cada elemento do quadro físico. As referências particulares aos elementos específicos (hidrografia, clima, vegetação, relevo, geologia) deveriam aparecer na medida em que fossem exigências da compreensão mais global das dinâmicas geográficas do país como um todo ou de uma região qualquer. A título de sugestão, por que não colocar os mapas clássicos de paisagens naturais, caso se ache necessário, no apêndice ou na parte de leitura complementar, eliminando-se de vez o seu caráter de principalidade, dando-lhes o caráter de curiosidade?[5]

Qual a importância de se saber que numa região ultraurbanizada chove no verão e há seca no inverno? Principalmente quando omitimos, no momento da análise do clima, o grau de urbanização desta região, pois isto só será caracterizado no capítulo de população ou de economia (quando for). Qual terá sido então o objetivo daquela informação adicional sobre clima, que poderia ser assim reinterpretada: "o ABC paulista é a região de maior concentração da indústria automobilística e de autopeças do Brasil e chove no verão, além do mais, seus terrenos são cristalinos, seus rios perenes e suas matas tropicais"?

É claro que em paisagens rurais, onde a dependência de fatores naturais é total, ainda mais levando-se em conta o fraco estágio tecnológico, de mecanização etc., a compreensão da dinâmica destes fatores pode ser fundamental. No entanto, a razão desta dependência deve ser sempre explicitada. Da mesma forma, pode ser importante conhecer as condições gerais de circulação atmosférica de um local, pois isto tem implicações que, somadas ao tipo de ocupação, podem resultar em uma região extremamente poluída, o que evidencia de forma mais completa a realidade do espaço que estudamos etc.

Portanto, quando objetivamos um maior esclarecimento ao aluno, podemos até recorrer a informações específicas ou mesmo aos paleomapas do quadro físico do Brasil. Mas isto deve acontecer num contexto de objetivos bem definidos. Se desejamos, por exemplo, mostrar a evolução da destruição da Mata Amazônica, a título de ilustração pode ser utilizado um mapa com a cobertura vegetal original da região.

Isto é, os paleomapas nos serviriam apenas para ilustrar aquilo que, cartograficamente, já vinha sendo tratado com dados da realidade atual.

Normalmente trabalha-se, como já dissemos, apenas com os (paleo) mapas e a realidade atual vira acessório de complementação que o esforço do professor desenvolve ou não. Visualmente, o território brasileiro terá para o aluno aquela configuração, para sempre impressa nos livros didáticos, pelo menos nas suas páginas principais.

Às vezes nos dá a impressão de que se propuséssemos uma simples inversão, isto é, tudo que é tratado como complementar e acessório virasse principal e vice-versa, já teríamos dado um passo-monstro no sentido de transformar o ensino (dito) de "geografia" em ensino geográfico de fato.

Notas

1. *Afirmação de Carlos W. P. Gonçalves, que chama a atenção para: é interessante notar que o termo "pólis" significa originariamente muralha, isto é, aquilo que limita a cidade e o campo, separa os cidadãos dos não cidadãos.*
2. *Diga-se de passagem, os subdesenvolvidos seriam os países que apresentariam maior demanda nessa ocupação e submissão, justamente por apresentarem as maiores carências e maior crescimento populacional.*
3. *Proposta feita pela assessoria alemã que participou da elaboração do II PND. O tamanho da área proposta era aproximadamente igual à do território da Alemanha Ocidental. A proposta não foi aceita.*
4. *A título de exemplo que se aproxima daquilo que estamos querendo dizer: a Cetesb-SP construiu cartas da região de Cubatão, onde através de um planejamento visual-gráfico, incluiu numa carta única entre outras, as seguintes informações: atividades industriais, diferenciando níveis de emissão poluidora; núcleos urbanos; zonas de deslizamento; tipos de mata (encosta, mangue degradado ou não); direção dos ventos; hidrografia, com trechos assoreados e desassoreados etc.*
5. *Não estou discutindo, em hipótese alguma, a importância de se ter sólidos conceitos específicos, por exemplo, sobre as províncias geológicas do Brasil, suas rochas, formação, evolução etc. Estou é discutindo a ligação e a importância disso com o ensino da geografia. Caso se ache que o assunto é relevante para a formação do aluno de ensino médio, a solução seria, por exemplo, engrossar o coro dos geólogos que reivindicam a introdução da geologia como matéria curricular no 2º grau.*

REFERÊNCIAS BIBLIOGRÁFICAS

Engels, Friedrich. A Dialética da Natureza. Rio de Janeiro, Ed. Paz e Terra, 1976.

Lacoste, Yves. Geografia do Subdesenvolvimento. São Paulo, Difel/EDUSP, 1966.

Lacoste, Yves. Geografia do Subdesenvolvimento: geopolítica de uma crise. 7ª ed. refundida. São Paulo, Difel, 1985.

Lacoste, Yves. A Geografia Serve, Antes do Mais, Para Fazer a Guerra. Lisboa, Iniciativas Editoriais, 1977.

Gonçalves, Carlos Walter Porto. Paixão da Terra. Rio de Janeiro, Rocco, Socii, 1984.

ENSINO DA GEOGRAFIA E LUTA DE CLASSES*

José William Vesentini

"Esta (a luta de classes) não deve ser entendida apenas como os momentos de confronto armado entre as classes, mas como o conjunto de procedimentos institucionais, jurídicos, políticos, policiais, pedagógicos, (...) usados pela classe dominante para manter a dominação. E como todos os procedimentos dos dominados para diminuir ou destruir essa dominação. (...) A ideologia nunca pode explicitar sua própria origem, pois, se o fizesse, faria vir à tona a divisão social em classes e perderia, assim, sua razão de ser que é a de dar explicações racionais e universais que devem esconder as diferenças e particularidades reais. Ou seja, nascida por causa da luta de classes e nascida da luta de classes, a ideologia é um corpo teórico (religioso, filosófico ou científico) que não pode pensar realmente a luta de classes que lhe deu origem".

(Marilena Chauí)

É provável que poucos de nós, professores de geografia, ainda hoje acreditemos que o papel da escola e do ensino da geografia seja o de "ensinar fatos ou conhecimentos", que sejam "neutros" no sentido de fruto de uma "inatacável ciência" e adequados à vida do educando na sociedade, esta entendida como "comunidade", ou seja, algo harmônico e alicerçado em laços de solidariedade. Aqueles que ainda pensam

---

* *Trabalho publicado na revista* Orientação *nº 5 – Instituto de Geografia USP – São Paulo – outubro de 1984 – págs. 33/36.*

assim logo acabam por se tornar cépticos, pois quem enfrenta a dura labuta de, durante anos a fio, em especial na rede oficial de ensino, ter que aturar a burocracia da educação, os baixos salários, a direção da escola, muitos "colegas" de Organização Social e Política Brasileira (OSPB) e de Educação Moral e Cívica (EMC), e o corpo discente "refratário aos cânones e ao saber tão bem selecionados pelas autoridades competentes", têm como opção ou "solicitar um tratamento de saúde" ou o cepticismo (que pode levar à reflexão crítica).

E a parcela que prossegue pela última vereda, a da reflexão crítica, logo percebe que, ao estar inserida numa sociedade dividida por interesses antagônicos, a escola é um campo de luta de classes: serve para a reprodução das relações de dominação, para a preparação de forma de trabalho dócil ao capital, e como inculcadora da ideologia dominante; e, como todo lugar onde há poder, pode tornar-se numa prática de antipoder[1].

Como (quase) todos nós já o sabemos, a função do ensino da geografia, nesse contexto, é a de difundir uma ideologia da "Pátria", do "Estado-Nação", tornar essa construção histórica como algo "natural", dar ênfase não à sociedade (aliás, esta deve sempre ser vista como "comunidade", e os "problemas normais" que surgirem "serão inevitavelmente resolvidos pelo Estado", com as "leis" ou com os "planejamentos") e sim à *Terra*. Assim, o estudo do Brasil deve começar pela área e formato do território, latitude e longitude, fusos horários, etc.; deve destacar sua imensa riqueza natural e nunca esquecer de, ao esboçar o mapa, colocar sempre a cidade-capital em seu "centro geográfico", no "coração do Brasil". Dessa forma, sub-repticiamente, "Brasil" passa a significar "território" e não povo ou sociedade, e governar passa a significar *administrar*, gerenciar, e nunca fazer *política* no sentido verdadeiro da palavra[2].

Mas esse discurso tradicional é ainda eficaz? Sabemos que os meios de comunicação de massa já se apropriaram dele e, bem ou mal, até o dinamizaram, já que podem mostrar imagens e informações mais atuais. E sabemos também que o próprio Estado capitalista, praticamente em todas as partes do mundo, vive repensando o papel da escola, e se num novo papel teria lugar o ensino da geografia; e que os próprios alunos em geral queixam-se do caráter mnemônico e pouco atrativo das "lições de geografia"[3].

É neste momento de "crise" do ensino e "crise" da geografia (o que significa que tendem a esgotar-se os papéis tradicionalmente reservados à escola e à geografia na sociedade moderna, havendo a necessidade de uma redefinição, que pode dar-se ou "de cima para baixo" ou sob pressão dos professores e geógrafos) que se coloca com mais agudez a questão da luta de classes. É uma questão ampla e que apresenta variações muito grandes de acordo com o grau de ensino, o local e o tipo de escola. Mas sempre apresenta duas vertentes: o lado do poder, da dominação, que tende a unificar tudo com seu discurso "universal"; e o lado dos dominados, dos professores e alunos, que tentam suavizar ou enfraquecer a dominação, mas de forma frequentemente vacilante e desconexa. Sem a pretensão de esgotar a questão, apontaremos nas linhas seguintes alguns dos aspectos que nos parecem, no atual momento, dos mais decisivos para se construir uma "geografia crítica" adequada a um ensino que vise não a reprodução das relações de poder, e sim uma percepção crítica, por parte do educando, do meio onde vive.

Uma primeira luta seria a de se desmistificar o chamado "discurso competente", que pode ser resumido pela seguinte frase: "Não é qualquer um que pode dizer qualquer coisa a qualquer outro em qualquer ocasião e em qualquer lugar"[4].

Esse é o discurso do poder (mesmo que este se renove, deixe de lado alguns de seus conhecimentos mais descritivos, mais tradicionais), o discurso da autoridade, da hierarquia. Ele tende a colocar os alunos como receptáculos *passivos* do saber, e o professor um *transmissor* de conhecimentos elaborados por "especialistas" e selecionados pelo Estado, pelos "competentes técnicos da educação" que sabem melhor que o professor o que convém ou não a seus alunos (mesmo que nunca os tenham visto). Ele se manifesta principalmente na necessidade, ilegal mas eficaz e rotineira, dos professores seguirem o "programa oficial"[5]. O professor aqui deve estar consciente de que não há de fato um "programa oficial", isso é arbitrariedade da burocracia da educação (e o diretor da escola aí desempenha um papel fundamental) e que ele pode utilizar o programa que bem entender para a classe que quiser. Mas o ideal, de fato, seria ele elaborar um programa (conteúdo e atividades) adequado à realidade social e existencial de seus alunos, e de forma a que eles fossem coautores do saber (com os estudos do meio, participativos; a "abertura" desse saber para a realidade vivida pelo educando – por exemplo: qual a situação da mulher no Brasil, ou em sua cidade; se existe racismo no meio de onde o aluno provém e na sociedade brasileira como um todo; se eles trabalham e são sindicalizados, o papel dos sindicatos; os debates frequentes, etc.), e não meros receptáculos passivos.

Uma das mais recentes renovações do discurso do poder no ensino da geografia, a nosso ver, e que deve ser combatida, é a chamada de "geografia da América". Essa "geografia" apresenta problemas teóricos e políticos. Na perspectiva teórico-metodológica de uma geografia crítica, onde se estuda não a Terra, mas sim a sociedade em sua organização espacial, a *construção* do espaço social (a partir da transformação da primeira natureza em segunda, ou seja, em natureza humanizada), uma "geografia da América" é um contrassenso, pois o critério definidor, delimitador, desse espaço é a *geologia*, a divisão da superfície terrestre em continentes e oceanos. E se a geografia é uma ciência humana, e o espaço geográfico é um espaço social, e se as relações homem/natureza dependem das relações homem/homem, então o(s) critério(s) para se delimitar uma região ou um espaço geográfico maior deve ser sempre o *econômico*, o *político*, o *social*, e nunca o geológico ou o climático. E a guerra das Malvinas demonstrou de vez a falácia dessa "solidariedade continental" que, na perspectiva do Estado, alicerçou a "geografia (e a história) da América". Tentar estudar a "geografia da América" com os conceitos e categorias que estão sendo engendrados pela geografia crítica é pegar um envoltório novo para aí colocar um conteúdo velho, é tentar separar conteúdo e forma. Uma geografia renovada não deve permanecer com os mesmos temas da tradicional, pois tudo muda ao mesmo tempo: os conceitos, as categorias, métodos, temas. E a questão internacional deve ser estudada pela geografia crítica não a partir dos continentes, e sim a partir da *divisão do trabalho ao nível espacial*, o que pressupõe discutir o mundo capitalista (seu centro e sua periferia) e o "socialista" (inclusive se o termo é correto, pois não existe um conhecimento "pronto" aqui, mas se construindo).

Agora, deixando um pouco de lado o aspecto teórico e entrando no político (apesar dos dois serem interligados), observamos que a "geografia da América", assim como a "história da América", começaram a ser pensadas pela burocracia estatal após 1974 (todos se lembram das eleições e da "abertura"), e só foram efetivamente implementadas a partir de 1978, e isso primeiramente no Estado mais industrializado do país e onde os movimentos de oposição ao regime faziam-se mais fortes. E no lugar de que entraram essas duas "novidades"? No caso da história, estudava-se (já que "América" não "pegou" totalmente) a Revolução Industrial, o socialismo utópico e o científico, o proletariado moderno, etc. E, no caso da geografia, entrou no lugar principalmente do estudo do subdesenvolvimento e sistemas econômicos (no 1º colegial). É evidente que, na perspectiva de uma escola voltada para desenvolver a criticalidade do aluno, a troca representou um passo para trás, pois "América" começa pela Terra, pelos fusos horários, relevo, clima, vegetação (como se existisse aquilo tudo que aparece nos mapas), estrutura geológica, etc., e quando chega no homem já estamos no final do ano letivo. Além do mais, essas partes todas são isoladas entre si, estanques e normalmente descritivas; e mesmo a parte econômica e anacrônica, pois não tem cabimento estudar-se, por exemplo, a economia dos Estados Unidos da América isolada do restante do "Capitalismo Central" (o Primeiro Mundo), ou Cuba desvinculada da União Soviética, ou mesmo a economia brasileira junto com a Bolívia e o Haiti, mas sem comparações com a África do Sul (com a qual ela mais se assemelha, mesmo que isso cause surpresa a muitas pessoas).

Outra luta dá-se no que se entende (e, consequentemente, se aplica na prática pedagógica cotidiana) por "conscientização". Esse termo está em moda atualmente entre os que se preocupam com a renovação do ensino, e deriva da pedagogia de Paulo Freire[6]. Mas ele é usado em pelo menos dois sentidos bastante diferentes. Suas origens extrapedagógicas, como se sabe, localizam-se na ideia de "consciência de classe" ou consciência "para si" (da classe, o "em si"). E também no movimento operário foi alvo de uma polêmica entre os que pensavam que a consciência deve ser trazida à classe *de fora* (através da parcela da pequena burguesia que teria assumido o marxismo e o socialismo, e se organizado num partido; a classe por si só seria incapaz de atingir uma consciência política mais profunda), e os que pensavam que essa consciência ocorre *na luta e pela luta* (seja sindical, de greves, "operações tartaruga", ou criando um partido, etc.) e que a classe não precisa que ninguém a "organize" ou "conscientize".

Muitos professores raciocinam em termos de classes (sociais) e conscientização nessas formas apropriadas ao movimento operário. Pensamos que isso é um equívoco. O educando, via de regra (estamos falando de 1º e 2º graus, evidentemente), não é um trabalhador (às vezes é) e sim uma criança ou um adolescente que está se formando em termos de personalidade, e apresenta diferenças importantes conforme a faixa etária ou a condição socioeconômica. E a escola *não é* seu local de trabalho, nem um sindicato e nem um partido político. Assim, fica difícil pensar-se em conscientização a partir do segundo sentido (das lutas no trabalho...) e muitas pessoas aderem ao primeiro sentido, o de "doutrinação" (a consciência que viria de fora, por outra pessoa ou classe).

Dessa forma, essa parcela (pequena, felizmente) dos professores passa a apenas mudar uma ou outra coisa do conteúdo (por exemplo, críticas ao capitalismo e elogios ao socialismo, sem nem discutir o socialismo real) e mantém, ou até reforça, a forma autoritária de ensino: a relação professor como "dono da verdade" e aluno como passivo decorador de lições. E essa parcela de professores, no caso da geografia, gosta muito de "América", pois pode elogiar Cuba (sem discutir a burocracia, a fragilidade democrática, etc.) e "descer o pau" nos Estados Unidos da América (colocando no mesmo saco a classe trabalhadora norte-americana e o capital multinacional), e culpar sempre o "imperialismo ianque" pelos problemas sociais do Brasil, sem nunca se referir às desigualdades internas, ao papel do Estado, à luta de classes (aliás, como diz Marilena Chauí, a ideologia deixa de ser eficaz se levar em conta a luta de classes que lhe deu origem). E a solução, para eles, sempre é o planejamento (ou seja, alguns donos do "discurso competente", como eles, trabalharem nos aparelhos estatais e realizarem planos "de desenvolvimento") e nunca a ação popular, de movimentos sociais, de associações de bairros, etc.

E o que fazer para evitar cair nesse caminho, que por sinal é cômodo? Pensamos que seja entender a especificidade do processo educativo; que educação também é uma forma de luta de classes, mas *específica* e diferente da fábrica ou do partido. E, na realidade, o professor nunca irá "conscientizar" ninguém, mas no máximo contribuir para que determinadas potencialidades do educando (a criticalidade, a logicidade, a criatividade) se desenvolvam. Mas esse desenvolvimento não é fruto de ensinamentos do professor, no sentido de "ensinar a ser crítico", mas sim o resultado do aprendizado do aluno, do seu esforço nas discussões, elaboração de atividades, leitura de textos, etc. E, principalmente, da relação entre o conteúdo a ser estudado com a sua vida, os seus problemas e do mundo onde vive.

E, para finalizar, gostaríamos de tocar num outro problema do ensino da geografia no 1º e 2º graus, principalmente na ótica de uma geografia crítica: o do material didático para o uso dos alunos. O ideal, em nosso ponto de vista, seria o próprio professor elaborar seus textos, a partir do conhecimento da realidade de seus alunos e procurar fazer com que estes sejam coautores do saber. Isso ocorre em alguns casos, mas é raro, pois pressupõe uma série de condições cada vez mais difíceis: datilografia dos textos, mimeógrafos, papel, tempo para elaborá-los, bibliografia atualizada e disponível na qual se basear, etc. Pelos baixos salários dos professores em geral (com a possível exceção de uma ou outra escola particular), além do número muito grande de alunos por sala de aula, a necessidade de tempo para corrigir provas e exercícios, e a ausência quase geral daquelas condições citadas, coloca-se a necessidade de se elaborar um bom material didático, seja em forma de livros didáticos, seja de apostilas ou "cartilhas", seja de "material alternativo" elaborado por geógrafos (ou equipes de) voltados para a criticalidade. Pensamos aqui que não se deve ser maniqueísta, isto é, imaginar-se que apenas uma das formas citadas (as apostilas, os livros...) seja a correta, e as outras "desvios" a serem combatidos. *Todos* os espaços disponíveis devem ser ocupados pelos geógrafos críticos, desde que surjam ou se criem oportunidades. Devem-se elaborar todos os tipos de materiais, pois alguns atingem certas faixas do professorado e outros atingem faixas diferentes. E *não há* a necessidade de estabelecer um "programa único", ou uma homogeneidade no conteúdo ou na forma de apresentação desse material didático. Pelo contrário, a diversidade é desejável e democrática. E a elaboração desse material deve ser feita por professores que trabalham no 1º e 2º graus, por aqueles que participam das lutas pela melhoria do ensino, e não por pretensos "especialistas" detentores de uma suposta "competência", e que, normalmente, nunca pisaram numa sala de aula desse nível do ensino.

Notas

1. *Cf*. Michel Foucault – Microfísica do poder, *Graal, Rio de Janeiro, 1979, especialmente p. 153-170. Particularmente interessante aqui é a percepção desse intelectual (engajado em práticas libertárias em hospitais, prisões, etc.) de que os problemas de um setor, por exemplo o ensino da geografia, devem ser solucionados por* aqueles que estão diretamente envolvidos nessas lutas, *e nunca por alguém de fora e supostamente mais "competente". Isso devia fazer pensar muitos professores de 1º e 2º graus, que sempre clamam por algum "especialista" do ensino superior para estabelecer o "conteúdo correto" a ser ensinado a seus alunos. A cooperação entre os diversos níveis do ensino deve existir e é benéfica, mas não deve degenerar em* tutela *do nível superior sobre os outros. O ensino médio e elementar, longe de ser apenas um "apêndice" do universitário (como geralmente se imagina), no caso da geografia possui claramente uma "mão dupla" (influências recíprocas) e muitas vezes foi a* partir do papel social do ensino *que a geografia acadêmica teve seu papel de pesquisa reconhecido e legitimado. Vide, por exemplo, o peso que tiveram, Vidal de La Blache e Aroldo de Azevedo na evolução acadêmica da geografia na França e no Brasil, e esses dois geógrafos começaram como autores de livros didáticos para o ensino elementar e, em grande medida, a geografia que eles padronizaram em seus países derivou daí. Vide, igualmente, a marginalização acadêmica de P. Kropotkin que não era adequado ao ensino, pois sua geografia era internacionalista e não enaltecia o Estado-Nação. Assim, qualquer obra sobre a evolução do discurso geográfico que não levar em conta o peso do ensino será sempre uma perspectiva enviesada.*
2. *Uma análise e crítica mais apuradas da ideologia da geografia tradicional do ensino, particularmente a partir do estudo de 18 livros didáticos e também do manual como mercadoria, com a tensão entre valor de uso e de troca, pode ser encontrada em J. W. Vesentini – "O livro didático de geografia para o 2º grau: algumas observações críticas", in* Anais do 5º Encontro Nacional de Geógrafos, *Porto Alegre, julho de 1982, vol. I – contribuições científicas, p. 199-209. No tocante aos livros de 1º grau, uma análise de ideologias mais comuns encontra-se em Vânia R. F. Vlach – "Algumas reflexões atinentes ao livro didático de geografia do primeiro grau", in* Anais..., *op. cit., p. 210-219.*

3. Vide sobre Yves Lacoste – A geografia serve, antes de mais nada para fazer a guerra. *Iniciativas Editoriais, Lisboa, 1977*, especialmente p. *123-128*. E também Jean-Michel Brabant – *"Crise da geografia, crise da escola"*, nesta antologia. *É interessante registrar aqui que esses geógrafos da revista* Hérodote *não apenas se preocupam em construir uma geografia crítica ou radical, mas também em repensar o ensino (vide o nº 4 dessa revista, quase que totalmente voltado para o ensino da geografia, inclusive com enquetes feitas com aluno do ensino médio), e alguns até mesmo lecionam nos níveis anteriores à universidade e elaboraram uma coleção de manuais didáticos, que não apresentam como* a alternativa *mas como* uma alternativa *de renovação.*

4. Chauí, Marilena – Cultura e democracia – o discurso competente e outras falas. *Ed. Moderna, SP, 1981.*

5. *Na realidade o "programa oficial" são os guias curriculares, que variam conforme o estado da federação (São Paulo, Minas Gerais) e conforme o governo. Eles* não têm *o caráter de obrigatoriedade, mas apenas de sugestões para o professor. Aliás, pela Lei nº 5.692/71, assim como em diversos pareceres sobre essa Lei, aparece a* liberdade *do professor de escolher o conteúdo programático que bem lhe aprouver, desde que coerente com os objetivos estipulados nessa lei para a disciplina que, no caso da geografia, como todo mundo sabe, é o de integrar o educando ao meio. (E integrar não significa acomodar.) Como essa lei, em parte, foi influenciada por ideias de Piaget e da escola norte-americana (onde cada cidade tem um programa específico, que é uma decisão da "comunidade" local), ela dá uma margem muito grande de escolha ao professor, embora, na prática, a burocracia procure "dirigir" essa escolha, inclusive escondendo do professor os seus direitos.*

6. *Cf.* Pedagogia del oprimido, *Sigla Veintiuno, B. Aires, 1973, 10ª ed. A obra desse autor e educador deve ser entendida no contexto do populismo do início da década de 60 no Brasil, e como método para alfabetização de adultos (trabalhadores). Transplantada para o ensino da geografia do 1º e 2º graus, esse método e a palavra-símbolo "conscientização" até agora, ao que se saiba, não produziram nada de importante.*

RENOVAÇÃO DA GEOGRAFIA E FILOSOFIA DA EDUCAÇÃO*

Antonio Carlos Robert Moraes

O pano de fundo desta discussão: uma disciplina envolvida em profundo questionamento quanto a seu objeto e método, já há cerca de três décadas; uma disciplina que busca se livrar de paradigmas forjados em mais de cem anos de domínio absoluto do positivismo clássico; uma disciplina que vem tentando, nos últimos anos, repensar sua prática à luz de encaminhamentos metodológicos anteriormente ignorados, como o marxismo, a fenomenologia, e mesmo o neopositivismo; uma disciplina que tem como memória incômoda uma certa ambiguidade em se aceitar como ciência natural ou social. Enfim, um quadro de crise dos postulados tradicionais e de renovação radical.

Esta é a situação vivenciada nos cursos universitários de geografia. Como andaria, então, o ensino desta disciplina ao nível de 1º e 2º graus? Aparentemente, num ritmo bem diferente, bastante distanciado do debate travado nas universidades. Os currículos e a maioria dos livros didáticos ainda informados pela perspectiva tradicional. Os professores atônitos frente a "pacotes" teóricos renovados, cujas propostas lhes parecem impenetráveis ou de tênues relações com a matéria que ministram.

As tentativas – bastante recentes – de ultrapassar este deslocamento têm sido ricas, pois fazem aflorar de modo bem nítido as dificuldades que envolvem essa relação. Décadas de isolamento sedimentaram um vigoroso fosso entre a discussão universitária e a tradução dos debates aí realizados na prática do ensino de 1º e 2º graus. Um fosso

---

* *Trabalho publicado na revista* Orientação *nº 7 – Instituto de Geografia – Departamento de Geografia – USP – São Paulo – dezembro de 1986 – pág. 7/10.*

crescente de horizontes, de linguagem, de nível. Da parte dos professores de ensino básico o obstáculo maior para a superação desse quadro reside, sem dúvida, nos baixos salários e nas péssimas condições de trabalho vigentes. Além da elevadíssima carga de aulas, a própria reciclagem oferecida se faz às expensas do tempo de lazer do docente. Da parte da universidade, uma série de entraves também se manifestam. Entre estes, alguns são de ordem filosófica e metodológica. É a respeito destes que julgamos poder trazer alguma contribuição ao debate. Nem que seja a simples exposição de dúvidas.

Em primeiro lugar, cabe apontar um estranho paradoxo que vigora na geografia. Ao mesmo tempo em que se defende de forma absoluta a unidade entre ensino e pesquisa, vai se firmando na prática uma avaliação diferencial entre tais atividades. Avaliação que valoriza a formação de pesquisador (técnico ou acadêmico) em detrimento daquela voltada para a ação didático-pedagógica. O exílio da licenciatura na Faculdade de Educação é a expressão institucional mais clara deste fato. A meta departamental é o bacharel, mesmo tendo um público majoritariamente constituído de futuros professores.

Aqui, caberia a pergunta: a formação do bacharel e do licenciado deve ser a mesma? O exemplo internacional e a própria história das ciências tendem a reforçar uma resposta negativa. Contudo, é a própria questão que nem chega a ser formulada, pois tem por barreira a mencionada tese da unidade entre ensino e pesquisa. Tal tese, devido inclusive este seu papel bloqueador, merece um esmiuçamento numa disciplina marcada por diferentes áreas de atuação profissional.

Que papel cumpre esta pretensa unidade no quadro real apontado? Talvez a de veículo de uma ideologia que reforça a desvalorização· da função social de educador (sabemos que as ideologias têm na não transparência e na dissimulação seu maior elemento de eficácia). Tal hipótese, e cabe lembrar que em geral as ideologias atuam além da intencionalidade imediata dos agentes, parece encontrar alguns elementos de sustentação, que no mínimo credenciam o seu exame.

A ausência de uma reflexão mais vigorosa acumulada acerca do ensino de geografia em si – poder-se-ia dizer uma pedagogia da geografia renovada – aparece como um primeiro indicador. É interessante assinalar que, nesse sentido, a prática da maioria dos geógrafos fica a descoberto de questionamentos teóricos. O que redunda num gradual afastamento. As práticas questionadas na discussão universitária acabam estranhas ao cotidiano do professor. O abismo da linguagem, numa época de rápida renovação, avança exponencialmente. Na mesma circularidade tem-se a defasagem do currículo universitário, que coloca o ingressante no magistério despreparado para a situação de aula. E, por conseguinte, portador de uma bagagem refinada de técnicas e teorias sem nenhum horizonte de aplicabilidade real em seu trabalho.

Um profundo descompasso entre a temática da maior parte das teses, desenvolvidas pelos professores de 1º e 2º graus nos mestrados de geografia, e suas realidades de atuação profissional parece ser um outro indicador. Estudos voltados para a análise do ensino de geografia são raros e recentes, num universo de pós-graduandos com uma alta porcentagem de docentes. São comuns temas de grande sofisticação ou altamente especializados (e distantes de qualquer ligação com o ensino). Este quadro bem exprime o mencionado paradoxo: em nome da unidade ensino/pesquisa reforça-se a fragmentação mais drástica entre estes níveis, escondendo na unidade retórica a desigual valorização do ensino.

Este professor pós-graduando, no fracionamento de que é portador, revela os termos da avaliação vigente. A desvalorização do ensino substancia-se no ato de ver na teoria (no avanço do estudo) algo distinto de sua prática profissional. De modo sub-reptício, a atuação como educador não é assumida, restando como atividade de passagem e de espera para uma melhoria profissional. Por caminhos tortuosos realiza-se a eficácia da ideologia aludida.

Para criticá-la, recolocando a importância do professor e da educação, talvez seja necessário um novo equacionamento da unidade ensino/pesquisa, que a aprenda no interior de uma mais nítida divisão na formação de geógrafo. Aí sim, tomaria novo sentido a proposta de unir prática e teoria, formulação e aplicação, etc. Todavia, cabe maior aprofundamento nesta questão, que sequer tem sido proposta.

A falta de uma discussão teórica que tente unificar o debate da renovação geográfica com o da pedagogia e da filosofia da educação, acaba acarretando outros problemas. Um que emerge com destaque, não tanto no descompasso entre a discussão universitária e o ensino básico, mas exatamente na tentativa de sua superação, é o de buscar uma aplicação direta dos temas de vanguarda de tal discussão naquele universo.

Isto é, tentar um implante direto das teorias de ponta da geografia renovada na prática de ensino de 1º e 2º graus.

Essa atitude implica uma total perda de todas as mediações existentes entre um nível teórico-metodológico de elucidação dos objetivos e meios de uma geografia renovada e o conteúdo a ser ministrado aos alunos em termos do conhecimento básico e informações mínimas sobre os assuntos tratados por esta disciplina. Para começar, essa passagem direta faz tábula rasa de toda a discussão da pedagogia e da filosofia da educação que se tornam totalmente desnecessárias frente à correspondência imediata estabelecida. Uma visão bastante ingênua do processo de conhecimento parece presidir esta orientação. Uma crença na transparência dos fenômenos e na sua pronta cognoscibilidade. Enfim, a velha teoria da consciência como reflexo imediato.

Cabe, novamente, indagar quanto ao papel efetivo de uma visão de tal tipo na situação real vivenciada. Ver em que medida esta atitude contribui ou dificulta a superação do descolamento apontado. A questão inicial poderia ser a seguinte: é possível ultrapassar num só movimento toda a distância que se acumulou entre a discussão teórica universitária e a prática do ensino básico de geografia? Uma série de fatores parece induzir a uma resposta negativa. Desde a altíssima carga didática do professor até sua muitas vezes insuficiente formação levam a uma profunda dificuldade em acompanhar a fronteira teórica da discussão atual. As reclamações quanto à linguagem inacessível são comuns nos cursos de reciclagem. Verdadeiras barbaridades conceituais aparecem nos exames de ingresso ao magistério público, exatamente com candidatos que tentam elaborar um discurso mais moderno.

Como foi mencionado, a rapidez e a radicalização da renovação da reflexão geográfica exponencializaram a distância entre o debate teórico universitário e o ensino de 1º e 2º graus. O professor, principalmente aquele formado há mais de dez anos, sente-se um estranho frente às propostas atuais. Impingir-lhe um conteúdo sem levar em conta esta situação é jogar na não superação do descolamento. Pensar que o conteúdo em si é autoeducativo consiste em ter a graduação como desnecessária para os aspirantes ao magistério. O nível de novidade vivenciado pela renovação geográfica é tão alto que sua integral compreensão demandaria quase um novo curso regular dos professores formados há mais tempo. Os cursos de reciclagem, com a carga horária atual, sequer

121

conseguem localizá-los minimamente frente às propostas em debate hoje.

Melhorar o nível dos professores do ensino básico, aproximando-os das perspectivas contemporâneas, parece ser um patamar de todo o processo. Porém, é mister gerar um esforço de traduzir pedagogicamente as novas propostas e os novos discursos desenvolvidos pela geografia. Estas duas tarefas têm de caminhar de forma conjunta, inclusive para não cairmos no descaminho criticado no item anterior. Não se trata de fazer do professor primário de geografia um pesquisador teórico numa área especializada de ponta nesta disciplina. Mas de tentar aproximar teoria e prática no plano do ensino de geografia, estimulando uma reflexão pedagógica que assimile os avanços teóricos da geografia nas últimas décadas.

Um terceiro ponto que cabe ser discutido diz respeito a uma questão bastante central do debate geográfico, mas que se credencia para além deste, posto que toca na temática da interdisciplinaridade. Trata-se de problema da existência ou não de abordagens diferenciadas do real, notadamente no campo das ciências humanas, e de suas projeções no domínio do ensino.

A crise do pensamento geográfico tradicional complicou os horizontes de uma disciplina que sempre teve na definição clara do objeto um de seus maiores encalacrados epistemológicos. A perspectiva sintética da abordagem geográfica sempre teve dificuldade para se legitimar dentro dos cânones rígidos do método positivo, que demandava objetos únicos para cada ciência. Por outro lado, estes mesmos fundamentos possibilitavam delinear uma disciplina a um só tempo natural e social. A derrubada da dominância positivista e a busca de novos caminhos metodológicos vêm tornar significativamente mais complexo este quadro. O que é o específico da abordagem geográfica? Existe mesmo uma visão geográfica da realidade? São questões que afloram no movimento renovador, cujas respostas diversificam os entendimentos da geografia.

Para os docentes de 1º e 2º graus, distanciados de tal processo renovador, esta diversidade aparece como um enigma. Formados como todos os geógrafos numa orientação unimetodológica, numa disciplina de claros contornos empiristas (bastante avessa à formação teórica), que se embasava em "certezas" e que pouco cultivou a dúvida, estes professores encontram sérias dificuldades para assumirem a fragmentação da ótica geográfica, trazida pelo movimento renovador. Além do exposto no item anterior, alguns outros pontos valem ser tomados aqui.

Um que se destaca é o contido naqueles posicionamentos que, na crítica ao fracionamento da realidade social emperrada pelo positivismo, acabam por diluir completamente a possibilidade de uma visão própria da geografia. Sem querer fazer aqui uma discussão profunda sobre um tema polêmico, cabe expor a seguinte questão: não existem diferenças, ou não deveriam existir, nas abordagens das várias ciências humanas? Em caso positivo, aceitando a inexistência de óticas variadas (por exemplo: ao ver qualquer divisão como adesão ao positivismo), deveríamos ser coerentes no plano do ensino e apoiar a proposta dos "estudos sociais", apenas mudando-lhes o conteúdo.

Tal postura parece revelar aquela visão ingênua da realidade e do conhecimento que, apoiada numa crítica ética da divisão capitalista do trabalho, escamoteia o tema da diversidade do real e das formas de sua apreensão. Concebe-se a totalidade como um grande objeto aparente, e não como uma forma de ver o mundo que permite chegar à essência do movimento da sociedade a partir da observação de qualquer de seus processos mais específicos. O mesmo equívoco, de confundir objeto e método, aflora na argumentação de ser a história a única ciência (o que equivale a ter todo o esforço geográfico, por exemplo, como mera ideologia acadêmica) e não um predicado metodológico para a análise de qualquer fenômeno do real.

A projeção dessa postura na prática do ensino de 1º e 2º graus acarreta a acentuação de alguns problemas. O principal talvez seja a perda dos últimos elos (os temáticos) entre a velha e a nova geografia, vale dizer, entre o ensino e a universidade. Tal perda reforça o descompasso e dificulta a sua superação por absolutizar a diferença. A crítica ética à geografia ministrada na prática cotidiana dos docentes, sem o acompanhamento analítico que a fundamente (e muitas vezes sem uma proposta para o trabalho no futuro), acaba por levar à rejeição, à mudança ou à crise de identidade (nos mais progressistas) e ao desânimo.

Mesmo com a aceitação de uma perspectiva própria da geografia, resta a questão de sua escolha num momento marcado por propostas e concepções díspares. Esta opção deveria ser guiada pelas necessidades e experiências do ensino ou pelos imperativos da pesquisa geográfica?

Serão estas duas demandas coincidentes ou envolverão matizes metodológicos próprios? Quem fará esta opção?

As questões acima levantadas envolvem uma temática tensa e intrincada, a das relações entre ideologia e ciências humanas, entre cultura e política, entre saber e poder. As respostas remetem ao centro do debate da filosofia da educação. Envolvem posicionamentos, valores, interesses. Não seria o caso de resgatar aqui toda esta ampla polêmica. Mas cabem algumas pontuações.

Uma pergunta que de certa forma delineia toda uma problemática é a seguinte: o dirigismo ideológico no ensino básico é um caminho que leva a uma formação crítica do indivíduo? Ou, posto de outra forma: o Estado, patrocinando através do aparelho de ensino uma explicação crítica do mundo, ajuda na conscientização?

A resposta a esta pergunta envolveria todo um ensaio, no limite toda uma autojustificativa política e um *striptease* teórico. Aqui fica a indagação e o convite a esse debate irresistível e inadiável. Desse modo, talvez se finalize pelo começo.

O QUE SE DEVERIA ENSINAR HOJE EM GEOGRAFIA*

Germán Wettstein

"Toma meus desejos por realidade, porque eu creio na realidade dos meus desejos".

(Grafite no Maio francês)

SITUAÇÃO ANTE O TEMA

Um encontro como o que realizam os geógrafos brasileiros na presente ocasião é fórum propício, não só para realizar um balanço sobre o assunto, mas, sobretudo, para se planejar o que virá.

Como ocorre na medicina, creio que também em nossa disciplina deve-se exercitar, ao mesmo tempo, a geografia "curativa" e a geografia "preventiva". Através da primeira cuida-se dos males do desconhecimento sobre os meios físico, humano e econômico que nos rodeiam; por isso é necessário continuar explicando incansavelmente como funcionam os processos geomorfológicos, qual é a interação entre fatores e elementos do clima, em que consiste o "espaço dividido" e os dois circuitos das sociedades urbanas, quais são as determinantes do equilíbrio

---

* *Trabalho publicado nos* Anais do 5º Encontro Nacional de Geógrafos – AGB – Porto Alegre – julho de 1982 – volume I – pág. 165/174. *Tradução de Ilana Pinsky.*

ecológico em escala regional e mundial, o que é geografia do subdesenvolvimento.

Paralelamente a tudo isso existe (ou deveria existir) uma preocupação docente pela geografia "preventiva", ou melhor ainda, *prospectiva*. Não tem nada a ver com ficção, porque se refere a mudanças que esboçam tendências e insinuam o futuro, mas que *já* estão ocorrendo em diversos países ou lugares. Dito de outra maneira: somente ao ensinar "o mundo tal qual ele é" (e não tal qual ele foi) estamos fazendo geografia prospectiva. Contudo, não é frequente que, na realidade, seja assim ensinado; por isso estas reflexões para o encontro de Porto Alegre.

Minha primeira hipótese de trabalho é que o ensino de geografia praticamente não incorporou o enfoque prospectivo; continua dedicando muito mais tempo e esforços para explicar as realidades estáticas do que para explicar os processos de mudança. Em outras palavras: afirmo que "o prestígio do objeto morto" incide, indevidamente, também sobre os professores de geografia. E, em muitas ocasiões, não somente ao ensinarem, mas também ao escolherem os temas a serem pesquisados.

Tendo assumido esse longo exílio em que vivo precisamente por não renunciar a ensinar "o mundo tal qual é", tenho bem claros quais são os obstáculos e limitações para exercitar a autêntica prática da geografia. Ou seja: distingo as diferenças – sobretudo em situações críticas – entre *o que se deveria ensinar* e *o que se pode ensinar*.

Este último corresponde à realidade cotidiana, o outro é uma utopia; mas uma utopia necessária porque – parafraseando Fernando Henrique Cardoso – pergunto: como se pode propor estratégias de desenvolvimento alternativo, autônomo e diferenciado para as nações da América Latina e do Terceiro Mundo, se não a partir de utopias?

Agradeço, pois, aos colegas brasileiros, permitir-me partilhar, agora, algumas dessas utopias com vocês.

AS DIFICULDADES A DETECTAR E DERROTAR

Principalmente nos últimos dez anos, viemos suportando um insistente bombardeio ideológico sobre a inviabilidade do planeta Terra. Asseguram-nos que os solos se esgotam de modo inexorável, que a vegetação natural desaparece, as águas correntes se poluem, as fossas marinhas se convertem em lixeiras; que a marginalidade infesta as cidades, não existem freios possíveis para a delinquência juvenil, as propriedades deixaram de ser santuários invioláveis; que os famintos ameaçam com antropofagia nada ritual o microuniverso dos hipernutridos, que não haverá espaço suficiente para os sete bilhões de terrestres que festejarão a chegada do século XXI. Com minha vivência de geógrafo só posso tomar tais prognósticos como alucinações passageiras. Não posso aceitar o esgotamento dos solos, quando a metade da superfície cultivável do planeta ainda está intacta e não cultivada; é exagerada a preocupação com riachos e vales que secam, quando a cada ano põe-se a salvo milhões de metros cúbicos de água nas macro e microrrepresas; eu continuo confiando na acolhedora capacidade fagocitária dos fundos dos mares desconhecidos – em sua maior parte – até que se demonstre *cientificamente* o contrário; respeito os marginalizados que têm gerado no "circuito inferior" da economia urbana (como nos ensinou admiravelmente Milton Santos) anticorpos suficientemente resistentes para sobreviverem na total precariedade; assombro-me com as reservas morais das novas gerações do subdesenvolvimento, quando são tão insignificantes seus equívocos e se mostram tão receptivas a qualquer tentativa séria de escolarização e conscientização; acompanho com prazer o processo social – inquestionável – que viola e dessacraliza a propriedade privada e põe em relevo a propriedade social.

Um planeta questionado nos planos ecológico, político e social é um planeta condenado. E se o "câncer" é difundido e exaltado, até a eutanásia começa a ser coletivamente tolerada. Os patrões acomodados nos mais diferentes governos orientam seus raios laser para a cauterização, trepanação, amputação e extirpação de órgãos vitais em regiões vitais. Os lugares e povos são incrivelmente variados (uruguaios ou chilenos, Líbano ou El Salvador, afeganes ou poloneses, Irlanda do Norte ou Malvinas, mas o objetivo parece ser parecido em todos os casos: conservar o planeta em formol, neutralizar seu questionamento, convencer sobre a inviabilidade dos povos se tornarem donos da sua própria história.

Para quem vive no capitalismo subdesenvolvido, a mensagem catastrófica é muito clara: o mundo está em perigo, todos somos responsáveis. Ocorre, no entanto, que tal periculosidade não deriva do manejo irresponsável do arsenal militar, nem do consumo de 40% dos bens mundiais por 6% da população, nem do monopólio da tecnologia sofisticada. Não, a periculosidade resulta do nosso alto índice demográfico, da nossa vontade de converter nossos recursos expoliados em bens de capital, de recriar uma tecnologia própria, da nossa intolerância frente à atual divisão internacional do trabalho e da nossa recusa em aceitar que meia dúzia de potências se outorguem o direito de mandar no mundo.

No momento histórico no qual assumimos a responsabilidade de nos emanciparmos coletivamente também no aspecto econômico, a santa inquisição internacional descarrega sobre nós um penoso sentimento de culpa e nos converte em pecadores. E como fizera a Inquisição espanhola no passado, não indica outra opção que a fogueira ou a autoflagelação para nos transformar em mártires. Eu camponês, pecador por fazer a roça todo dia, ainda que graças a ela coma o pão de cada dia; eu marginalizado, pecador por vasculhar o lixo da cidade, quando do lixo extraio grande parte da minha subsistência; eu assalariado, pecador por ser grevista toda vez que enfrento o patrão na luta por um salário melhor; eu pai de família, pecador por decidir o número de meus filhos sem o consentimento da *Family Planning*; eu universitário, pecador por resistir a que me convertam em engrenagem da ciência, da técnica e da cultura reprodutoras do sistema.

O compromisso que mantenho comigo ao apresentar essas colocações e o desejo de me dedicar a um trabalho não alienado, que quero compartilhar com meus colegas geógrafos, tem o objetivo de superar em nossas aulas esse sentimento de culpa interior. Porque não é *o* mundo que está em perigo, mas *seu* mundo: sua sociedade capitalista, sua vocação depredadora, seu autoritarismo, seu "destino manifesto", ou a sua divisão do mundo.

Para prosseguir firmes nesta luta, é preciso saber que os procedimentos utilizados para a desestabilização da confiança vêm tanto de fora quanto de dentro das nossas próprias nações. Eu creio que se pode reconhecê-los a partir dos seguintes indicadores: a escamoteação do país real, a fugacidade das conotações positivas, a violência do noticiário e a substituição de juízos de valor por estereótipos. É bom chamar a atenção de nossos alunos para isto.

A *escamoteação do país real* consiste em um ocultamento, por ação ou omissão, dos acontecimentos que definem a construção de um país. Por exemplo: quantos brasileiros conheceram o salto quantitativo e qualitativo da agricultura do Sul e o consequente processo de cooperativização? A *fugacidade das conotações positivas* inclui a falta de consideração, indiferença ou desprezo pelos verdadeiros progressos que nossas pátrias fazem. Na Venezuela, onde agora vivo, poucos estão convencidos de que a nacionalização do petróleo foi um grande passo em direção ao desenvolvimento.

A *violência do noticiário* passa a substituir a dita fugacidade do positivo; trata-se de uma violência que efetivamente ocorre, mas que os meios de comunicação de massa exaltam e arrancam do seu contexto causal. É uma violência *for export* que inunda todas as latitudes do mundo a partir dos teletipos das multinacionais de notícias.

E se a isso se somam informações sobre as crises ou fracassos constantes dos subdesenvolvidos, reforça-se o estereótipo de "desordem". E contribui-se para *substituir os julgamentos por estereótipos*. Estereotipar é o oposto de conhecer, porque conhecer um objeto ou um fato significa assimilar suas propriedades essenciais e saber julgá-los.

Aceitar uma predisposição à desordem como característica substantiva de toda uma sociedade, traz implícita uma ideia de incapacidade para solucionar nossos próprios problemas (por isso é difícil para os ingleses acreditar que um piloto argentino tenha afundado o *Sheffield* com um só míssil); e ao mesmo tempo se alimenta uma admiração pelas soluções dos outros (desenvolvidos) e uma tendência a imitar a ordem de fora para corrigir a "desordem" de dentro.

No entanto, ignorando os maniqueístas (para quem o que não é "bom" tem que ser necessariamente "mau"), desconhecendo os apáticos (que esperam a mudança mundial antes da mudança nacional), arrastando os incrédulos (que aceitam as mensagens sobre a inviabilidade do mundo), esta humanidade mostra que avança inexoravelmente. Seus progressos não são unicamente notáveis do ponto de vista científico-técnico, mas também do político, econômico, social, cultural e moral.

Se nós, professores de geografia, não assumirmos esta tese como axioma, estaremos traindo a nossa própria profissão. Porque se é certo que nem todas as sociedades passam simultaneamente por seu melhor momento, portanto, na nossa profissão podemos e devemos ter uma inserção clara e conceitualmente militante na totalidade político-econômica do planeta e de suas macrorregiões e ao fazê-lo, certamente recarregaremos de confiança nossas baterias pedagógicas.

DA GEOGRAFIA DO SUBDESENVOLVIMENTO À DO MUNDO NOVO

Para incorporarmos ativamente a proposta de um ensino de geografia prospectivo, temos que reorganizar, também mentalmente, o mapamúndi político e mantê-lo permanentemente atualizado.

Então poderemos constatar que quase sessenta países atingiram sua independência depois de 1960, que esse número é 35% do total de nações representadas na ONU, que cobrem um total de 18 milhões de quilômetros quadrados e somam 350 milhões de habitantes.

Em apenas vinte anos, 15 nações do Terceiro Mundo optaram pela via socialista revolucionária para superar a dependência; permitiram, desse modo, que dez milhões de metros quadrados tenham escapado ao controle direto dos países imperialistas e de suas multinacionais. São 150 milhões de pessoas que têm aprendido a distinguir entre consumo necessário e consumo supérfluo, qualquer que seja a classe social a que pertençam; destas, cinquenta milhões de adultos orientam hoje sua força de trabalho para tarefas produtivas em benefício das *suas* necessidades sociais coletivas.

Quais são as práticas políticas, econômicas e sociais exercidas por essas sociedades para alcançar sua libertação plena? Considero estas dez fundamentais, mas sempre as discuto com meus alunos e acabo corrigindo-as:

1º) O controle estatal do poder de decisão econômica.

2º) A recuperação dos recursos naturais para a nação e sua utilização justa em benefício da sociedade.

3º) A hierarquização e dignificação dos recursos humanos (ou da força de trabalho social).

4º) A satisfação das necessidades básicas para toda a população por igual.

5º) A participação popular organizada e a descentralização de decisões, tanto horizontal como vertical.
6º) A construção do espaço nacional e a superação das desigualdades regionais mais notórias.
7º) A definição e aplicação de uma legalidade efetiva, substituta da legalidade formal.
8º) A formação do novo homem. (Segundo uma estudante universitária de Mérida, em meu curso Problemas do Subdesenvolvimento no ano de 1978, é "o que come, veste-se e tem casa, que ajuda os outros e que pode se organizar para participar ativamente de todas as atividades que se realizam para a construção do espaço nacional").
9º) O exercício extradiplomático e menos sofisticado das relações internacionais.
10º) A militância solidária ativa para a superação dos países do Terceiro Mundo ainda explorados.

Estes fatos não são escassos nem isolados: calculo 35 nações em transformação rápida, mais de vinte das quais em plena revolução. Para confrontar certezas e também dúvidas, esta é "minha" lista (sublinho aquelas em processo revolucionário): *Angola*, Arábia Saudita, *Argélia, Benin*, Botsuana, Brasil, Burundi, *Cabo Verde, Cuba, Congo, El Salvador, Etiópia, Granada, Guiné-Bissau*, Guiana, *Iêmen do Sul, Irã*, Kampuchea, Laos, *Líbia, República Malgaxe*, México, *Moçambique, Namíbia, Nicarágua, Palestina*, Panamá, *República Saharui, São Tomé e Príncipe, Seychelles, Tanzânia*, Timor Leste, *Vietnã, Zâmbia, Zimbábue*.

Conhecê-las pode nos ajudar a restabelecer a confiança. Porque, por definição, esta quer dizer: "esperança firme em uma coisa ou pessoa; ânimo, esforço e vigor para trabalhar". Confiar é, então, dar esperança a alguém de que se conseguirá o que se deseja. Para gerar confiança é preciso dar *esperança* às pessoas, e ter esperança, ou seja, assumir um estado de ânimo no qual o que desejamos se apresente como possível.

Se a esperança nos acompanha, poderemos cumprir a tarefa de convencer os incrédulos e os céticos que nos rodeiam (sobretudo em nossa própria profissão). Convencer é provar a alguém alguma coisa, de maneira que não lhe restem dúvidas; é persuadi-lo, por meio de argumentos, para que desista de uma posição e a mude.

131

Tempo e lugar fazem com que a tarefa não seja fácil. É preciso agarrar-se, por isso, nas realizações positivas para extrair delas inspirações e para adaptá-las e aplicá-las às novas situações. É preciso trabalhar *para/em/por* algo definido no presente e não viver em função da perfeição do amanhã. Porque com incrédulos e céticos não será possível construir esse necessário amanhã.

É árdua essa tarefa de colocar em evidência o positivo, provenha de quem provier (ou seja: provenha do governo ou da oposição); é árdua a tarefa de agarrar-se ao positivo estando ele onde estiver. É incessante a tarefa na América Latina de corrigir equívocos sobre o desenrolar dos acontecimentos, tomar decisões, superar superstições. Tudo para que os conscientes deixem de ser, como até agora, uma fauna escassa e dispersa e formem o verdadeiro exército de reserva aplicado na construção do segundo mundo novo.

O professor de geografia tem um papel de destaque nesta bela tarefa de desestabilizar os desestabilizadores da confiança e de colocá-la no lugar que merece. E deveríamos fazê-lo toda vez que pudermos, mesmo antes que ocorra a sempre demorada incorporação formal em programas e textos. A vida cotidiana é um grande livro com o qual se pode aprender sempre. E hoje em dia, graças aos meios de comunicação social que os países do Terceiro Mundo vão libertando da alienação, vêm ocorrendo centenas de experiências muito variadas, parcial ou totalmente bem-sucedidas, demonstrando *como* e *para que* é imprescindível assumir o espaço em que vivemos, para convertê-lo em espaço-nação.

Para nos aproximar desta meta, enumero em seguida – e para finalizar – uma série de temas que, na minha opinião, deveriam ser ensinados hoje nos cursos de geografia.

ALGUNS TEMAS DE PESQUISA PARA UMA GEOGRAFIA NOVA

Em Geografia Política

– Processo massivo de descolonização.

– Subida ao poder pelos movimentos de libertação.
– Multiplicação do número de sociedades em processo de revolução e consolidação das mesmas como sistemas de governo estáveis.
– Aumento crescente do número de países do Terceiro Mundo em transformação rápida (sobretudo nos aspectos econômico e social).
– Experiências variadas de opções socializantes (não necessariamente socialistas no aspecto ideológico), entre países do Terceiro Mundo.
– Novas tentativas de participação popular de base.
– Avanços progressivos na formação de alinhamentos entre países do Terceiro Mundo.
– Consolidação do Movimento de Países Não Alinhados.
– Difusão sustentada do internacionalismo militante (no sudeste asiático, África e revoluções da América Latina).

Em Geografia Econômica

– Crescente nacionalização dos recursos naturais básicos.
– Paulatina superação do prejuízo sobre o esgotamento dos recursos naturais.
– Criação de associações de países produtores de matérias-primas (não só de combustíveis e outros produtos extrativos, mas também de produtos agrícolas).
– Resposta ativa às multinacionais com a criação de empresas multilatinas (em transporte marítimo e fertilizantes, por exemplo).
– Avanços na integração não dependente (caso do SELA).
– Tentativas de melhor intercâmbio entre os países do Terceiro Mundo.
– Impossibilidade de repetir os bloqueios econômicos efetuados nos anos 60 sobre países latino-americanos.
– Surgimento de novos centros de decisão econômica e financeira em países do Terceiro Mundo (caso dos países árabes, da Venezuela, México e Brasil).
– Tentativas de colaboração financeira e tecnológica Sul-Sul para o desenvolvimento.

Em Geografia Social

– Superação das escalas geográficas limitativas: possibilidade de acesso aos problemas mundiais como se fossem os do próprio país.

– Vigência do nacionalismo como prática social (mais que como prática política ou prática ideológica).

– Superação do mito do crescimento demográfico catastrófico.

– Criação de mecanismos e instituições do Terceiro Mundo para o intercâmbio de informações.

– Contribuições do Terceiro Mundo e dos latino-americanos em particular, para a construção de teorias científicas sobre as relações econômicas e sociais (teoria da dependência, modelo mundial latino-americano).

– Consolidação de uma cultura combativa com vistas à emancipação total: na música, no cinema e teatro, na literatura e artes plásticas.

E para concluir: não devemos mais dar cursos de geografia do subdesenvolvimento; de agora em diante é preciso aprender a ensinar uma geografia da libertação.

EDUCAÇÃO E ENSINO DE GEOGRAFIA NA REALIDADE BRASILEIRA*

Ariovaldo Umbelino de Oliveira

"Eu perguntei se não aprendiam nada de Geografia. Não precisa, disse um deles, isso a gente aprende é no pé. Os igarapés vão pro Tocantins. O Tocantins desce pro mar, é só olhá, né? No topo daquele monte não serve plantá. A terra é ruim. No baixo é boa. É no pé mesmo, andando e olhando."

(Maria Regina C. T. Sader – *Espaço e Luta no Bico do Papagaio*)

A discussão deste tema entre aqueles que militam no ensino de geografia, não tem sido tarefa fácil. Particularmente porque este debate supõe e pressupõe que a geografia que se produz tenha, fundamentalmente, esta preocupação. E isto é uma realidade de nossos dias.

A sua história tem sido uma história de valorização dos grandes projetos governamentais, de modo a ir construindo na mente das crianças conceitos de Estado, nação, governo, território, país, como realidades definidas e definitivas do ponto de vista do Estado capitalista.

Todos conhecemos o papel da escola como aparelho ideológico a formar/fazer "as cabeças" das crianças. Definir e produzir uma "ideologia patriótica e nacionalista" tem sido o papel do ensino da geografia na escola (e seguramente, também da história). Uma exaltação aos atos daqueles que estão no poder do Estado.

---

* *Trabalho publicado no jornal* Desalambar *nº 6 – AGB-DF – Brasília – maio de 1987 – pág. 4/6.*

E isto não pode permanecer imutável quando a nação assiste impacientemente a movimentos sociais crescentes que questionam a ordem econômica, social e política vigente.

São os operários em greve por melhores salários, a mostrar que a fábrica não é apenas um prédio. São os "sem-morada" da cidade que ocupam terrenos desocupados, vazios, para construir ali, o seu "lugar" na cidade. São massacrados pela repressão policial. O argumento: "invadiram propriedade privada". Como se não fosse a propriedade privada que invadiu o direito de morar do trabalhador. Ou seja, chegamos ao ponto em que uma fração reduzida da sociedade pode se dar ao luxo de manter grandes áreas vazias e grandes levas de trabalhadores não têm sequer o direito à moradia.

Os trabalhadores da cidade trabalham/produzem os bens e riquezas que na imensa maioria das vezes não consomem. Produziram uma cidade e não têm direito a ela.

Os "sem-terra" acampam e ocupam terras ociosas. São expulsos e reprimidos. Reagem, lutam, resistem. O acampamento de "sem-terra" já é uma das faces novas da luta pela terra no campo brasileiro. São os peões escravizados nos campos brasileiros de São Paulo à Amazônia.

Os posseiros na luta sangrenta pela terra de trabalho são assassinados por jagunços e pistoleiros organizados nos porões da repressão oficial, ou no mínimo aos olhos dela. Os povos indígenas são vítimas da violência do grande capital na sanha pela propriedade da terra e pelas riquezas naturais das "terras sem males" dos "filhos do Sol".

Os que trabalham e produzem no campo não têm tido o direito ao trabalho livre, comunitário ou coletivizado.

A sociedade se move, se agita. Os grandes grupos econômicos vão implantando seus grandes projetos de exploração/expropriação das riquezas naturais do país. E em nome do "exportar é o que importa", a riqueza produzida no Brasil não tem conseguido pagar a impagável dívida externa que estes mesmos trabalhadores não fizeram.

O lugar do Brasil no contexto do capitalismo monopolista se redefiniu, redefinindo o lugar internacional do trabalho dos trabalhadores brasileiros. O país produz para as nações avançadas consumirem. E objetivando produzir para exportar, o país endividou-se e foi endividado. A lógica da dívida *não é* e *é*, ao mesmo tempo, nacional. A economia brasileira internacionalizou-se, mundializou-se no seio do capitalismo mundial.

E os professores de geografia no ensino de 1º e 2º graus, o que ensinam sobre esta realidade dialeticamente contraditória, viva e agitada? A resposta poderá ser encontrada na geografia que se ensina.

A GEOGRAFIA QUE SE ENSINA

A grande maioria dos professores da rede de ensino sabe muito bem que o ensino atual da geografia não satisfaz nem ao aluno e nem mesmo ao professor que o ministra. Um quadro herdado particularmente do período extremamente autoritário em que o país viveu, é evocado para justificar a situação atual do ensino de 1º e 2º graus: jornadas de trabalho incompatíveis com a docência, salários aviltados, certa instabilidade no emprego, ausência de cursos de reciclagem para os professores da rede, falta de entrosamento entre muitas direções de escolas, delegacias de ensino, divisões regionais de ensino e professores. Estas e muitas outras razões são lembradas em qualquer debate sobre a situação atual do ensino e a geografia ensinada não fugiu à regra.

Esse quadro abriu espaço para que a chamada "indústria do livro didático" ganhasse terreno. Foram, seguramente, os professores as vítimas deste processo. O livro didático tornou-se a "bíblia" dos professores e nem sempre as editoras colocaram no mercado livros com um mínimo de seriedade e veracidade científicas. A grande maioria contém erros grosseiros, cuja identificação certamente daria para escrever um livro.

É este material, sem qualidade aferida ou ratificada pelos círculos acadêmicos das universidades e pelos professores da rede oficial, que se tem transformado no definidor da "geografia que se ensina". É ele que tem sido caracterizado e caracteriza o que é geografia.

Esta situação, tão séria e importante, não ocorre só no Brasil. Geógrafos ilustres como Yves Lacoste chegaram a afirmar que hoje nós temos uma geografia sendo produzida nas universidades e "outra geografia" sendo ensinada nas escolas de 1º e 2º graus, a denominada por ele "geografia dos professores". Esta colocação é uma clara alusão ao fato de que a produção dos livros didáticos de geografia não tem acompanhado as transformações que a ciência geográfica tem vivido nos últimos tempos.

137

Dessa forma, a geografia que se ensina, tanto nas escolas de 1º e 2º graus como no 3º grau, não tem, na maioria das vezes, quase mais nada a ver com a geografia que se produz nas universidades a nível da pesquisa.

O professor de geografia (ou de estudos sociais) não tem tido condições, na maioria das vezes, para se formar dentro de um processo crítico que lhe permita também tornar-se um verdadeiro "juiz crítico" do livro didático. Passou, portanto, a ser vítima deste, partindo de uma premissa nem sempre verdadeira: "Se está publicado é bom, e está correto o que aí aparece escrito". Aliás, muitas vezes, os conteúdos ensinados em muitas faculdades coincidem com aqueles dos livros didáticos e estes são mesmo bibliografia desses cursos de nível superior.

Nesse processo o professor foi perdendo ou, então, nem teve a oportunidade de formar a sua condição de produtor de conhecimentos. Ele se tornou ou foi transformado em um mero repetidor dos conteúdos dos livros didáticos. As editoras chegaram inclusive a publicar o "livro do professor", uma espécie de "cartilha", na suposição de lhe facilitar o trabalho.

Este levantamento de fatos que vêm ocorrendo se faz necessário para que todos tomemos consciência da situação na qual fomos envolvidos e da real necessidade de rompermos com o aparente círculo vicioso que a produziu.

É bom lembrar, novamente, que o resultado de tudo isso foi uma qualidade de ensino que deixa muito a desejar. Alunos e professores têm sido uma espécie de vítimas desse processo. A geografia que se ensina e se aprende não os motiva mais e, seguramente, está muito longe das suas reais necessidades. A geografia foi perdendo aquilo que de especial ela sempre teve – discutir a realidade presente dos povos, particularmente no que se refere a seu contexto espacial.

É esta geografia ensinada que foi se compartimentando cada vez mais, a ponto de não estabelecer relações mínimas sequer entre os elementos da natureza: o estudo da geologia quase nada tinha a ver com o da geomorfologia, destas com o da hidrografia, destas com o do clima e de todos com o do solo e da vida vegetal e animal. Muitas vezes, em nome da necessidade didática de melhor explicar os fatos e os fenômenos, foi-se perdendo a visão do todo. O mesmo ocorreu com a parte humana e econômica que, colocada sempre nos últimos capítulos dos livros didáticos, raramente conseguiu ser ministrada aos alunos.

Mas que geografia é esta, que está presente nos livros didáticos? É a geografia produzida pela escola positivista, que tem na análise empírica da realidade o produto do seu conhecimento. É a geografia "científica" e "neutra", a mesma que vem sendo ensinada desde o século passado.

Mas por que não têm chegado aos professores, que ensinam no 1º e 2º graus, as transformações que têm ocorrido nos centros de pesquisas das universidades no Brasil e no exterior?

Esta é uma reflexão que todos devemos fazer. Mas ela não pode ser feita sem que algumas perguntas a acompanhem: qual é o papel da geografia nas escolas? A quem servem seus conteúdos e sua forma de ensinar? Qual é a função e o papel da escola na sociedade? Muitas outras perguntas devem ser formuladas.

Todos nós, professores, temos que fazer esta reflexão, individual e coletivamente, pois este é o patamar mínimo que colocará, para todos nós, a necessidade da mudança no ensino da geografia. Aliás, colocará para todos nós a necessidade de profundas transformações na escola. É preciso que tomemos nas mãos a tarefa de construir o ensino de uma geografia viva, participante.

No entanto, uma outra pergunta se impõe: a geografia produzida na universidade tem mudado?

A GEOGRAFIA COMO CIÊNCIA

Como todos devem ter observado, nos últimos anos um grande número de livros e de artigos interessando à discussão teórico-metodológica têm sido publicados – sintoma do que está ocorrendo na universidade. De forma correta, esta discussão tem começado pela reflexão acerca da geografia que se produz.

Esta reflexão tem permitido que se faça a reconstrução da história do pensamento geográfico e, também, o debate das tendências de renovação na geografia. É necessário que este debate igualmente se faça na rede de ensino oficial do Estado.

Dentre as correntes em debate – positivista, neopositivista e dialética – especial destaque vem sendo dado a esta última. Ela tem sido responsável por grande parte dos trabalhos produzidos. A incorporação da dialética, como método de investigação, tem permitido que a geografia recupere a visão do todo perdida pelo e no positivismo e não recuperada no neopositivismo, senão no plano abstrato e idealista.

A discussão e utilização da dialética na geografia não são fatos recentes. É bom que se diga que os jovens professores das universidades francesas da década de 40 já haviam procurado trilhar este caminho (Pierre George, Bernard Kayser, Raimond Guglielmo, Yves Lacoste, Jean Tricart, Jean Dresh) e mesmo no século passado, isto já havia ocorrido com Élisée Reclus.

Além disso, diferentemente dos demais métodos, o método dialético traz consigo a recuperação de um espaço crítico que a geografia precisa ter. Portanto, esta geografia que incorpora a dialética é uma geografia essencialmente crítica. Sendo que, através da crítica, é que se produz e reproduz uma ciência viva. Pois ciência que não se renova, não se transforma, é ciência morta, é droga.

Este caminho dialético pressupõe que o professor se envolva não só com os alunos, mas sobretudo com os conteúdos a serem ensinados. Ou seja, o professor deve deixar de dar os conceitos prontos para os alunos, e sim, juntos, professores e alunos participarem de um processo de construção de conceitos e de saber.

Nesse processo, o professor deixa de ser um mero transmissor de conhecimentos e o aluno mero receptáculo do saber.

Dessa forma, é fundamental que o professor participe do debate teórico-metodológico que vem sendo travado nas universidades. É através de sua inserção nesse debate que fará a sua opção consciente acerca do caminho crítico que a geografia e a escola devem ter.

A CONTRADIÇÃO COMO MÓVEL DA SUPERAÇÃO DO IMPASSE

Este debate entre professores/pesquisadores das universidades e professores da rede oficial tem permitido tomar consciência de que a geografia, como as demais ciências humanas, tem passado por um processo de discussão de suas teorias e métodos. Este debate tem trazido à tona um conjunto de questões que levam aqueles que produzem o saber geográfico a se indagarem a respeito dessa produção. Sobretudo, tem permitido aos que trabalham com o saber geográfico se posicionarem acerca das implicações ideológicas embutidas em sua disciplina.

Este processo de reflexão crítica participante, onde produtores e transmissores do saber refletem sobre seus papéis na sociedade de hoje e do futuro, tem permitido que a ciência avance e simultaneamente, rompa-se o cerco da divisão do trabalho acadêmico entre produtores e transmissores do saber geográfico.

É assim que, no seio deste movimento crítico, está nascendo pela primeira vez uma proposta para o ensino de 1º e 2º graus de geografia para a escola pública. E ela tem contemplado, fundamental e simultaneamente, a discussão pelos professores da rede oficial sobre o ensino da geografia e a necessidade de sua transformação, face às novas exigências da ciência e da sociedade.

Este debate tem como objetivo transformar o aluno de receptáculo de informação em um ser crítico, capaz, desde o início do processo de aprendizagem, de criar/construir o saber. Ao mesmo tempo, o professor vai se transformando de transmissor em criador deste mesmo saber.

É necessário, ainda, abrir a possibilidade da efetiva integração metodológica entre as diferentes áreas do ensino, de modo a destruir a compartimentação do saber imposta pelos currículos atuais e construir/reconstruir o conceito de totalidade, de modo que o aluno possa, simultaneamente, pensar o presente/passado e discutir o futuro, que, antes de tudo, lhe pertence.

A CONTRIBUIÇÃO DA GEOGRAFIA NO ENSINO DE 1º E 2º GRAUS

A geografia, como as demais ciências que fazem parte do currículo de 1º e 2º graus, procura desenvolver no aluno a capacidade de observar, analisar, interpretar e pensar criticamente a realidade tendo em vista a sua transformação.

Essa realidade é uma totalidade que envolve sociedade e natureza. Cabe à geografia levar a compreender o espaço produzido pela sociedade em que vivemos hoje, suas desigualdades e contradições, as relações de produção que nela se desenvolvem e a apropriação que essa sociedade faz da natureza.

Para entender esse espaço produzido, é necessário entender as relações entre os homens, pois dependendo da forma como eles se organizam para a produção e distribuição dos bens materiais, os espaços que produzem vão adquirindo determinadas formas que materializam essa organização social.

Nesse sentido, a geografia explica como as sociedades produzem o espaço, conforme seus interesses em determinados momentos históricos e que esse processo implica uma transformação contínua.

Como são produzidos por sociedades desiguais, os espaços também são desiguais: campo/cidade, regiões metropolitanas/cidades médias/cidades pequenas etc.

Essa base territorial, que as sociedades vão transformando e construindo historicamente, também se diferencia quanto aos elementos da natureza e quanto à existência de recursos, que são desigualmente distribuídos.

A territorialidade implica a localização, a orientação e a representação dos dados socioeconômicos e naturais, que contribuem para a compreensão da totalidade do espaço. Essas habilidades – localização, orientação, representação – também se tornam importantes à medida que elas se colocam como instrumentos de conhecimento para a apropriação da natureza. As sociedades, ao se apropriarem da natureza, precisam medi-la, controlá-la e dominá-la. Tais habilidades também são apropriadas de forma diferenciada, em sociedades com organizações sociais próprias.

A organização social, na qual se coloca o seu grau de desenvolvimento tecnológico, leva à apropriação dos recursos, sejam materiais ou sejam a nível do conhecimento. Essa apropriação leva à maior ou menor interferência na natureza.

A apropriação da natureza se dá pelo processo de trabalho, que é um ato social. Portanto, dado que é pelo trabalho social que se estabelece a relação sociedade-natureza, é fundamental o entendimento da sociedade para entender a natureza, já que esta é apropriada historicamente.

Por sua vez, a natureza envolve os diversos aspectos da realidade física em si. O entendimento do seu processo de formação e transformação é importante para a fundamentação científica que permitirá um posicionamento crítico frente aos processos de apropriação da natureza que acabam levando à sua degradação.

É nesses termos que a geografia hoje se coloca. É nesses termos que seu ensino adquire dimensão fundamental no currículo: um ensino que busque incutir nos alunos uma postura crítica diante da realidade, comprometida com o homem e a sociedade; não com o homem abstrato, mas com o homem concreto, com a sociedade tal qual ela se apresenta, dividida em classes com conflitos e contradições. E contribua para a sua transformação.

A EDUCAÇÃO E O ENSINO DA GEOGRAFIA, COMO INSTRUMENTO DE CONSCIENTIZAÇÃO

É na escola que uma parte do processo de conscientização e/ou não conscientização se desenvolve. Todas as disciplinas têm papel a desempenhar nesse processo. À geografia cabe papel singular nesta questão.

Com o professor de geografia (e de história) no ensino de 1º e 2º graus está a tarefa de desenvolver *na* criança e *com* ela a visão de totalidade da sociedade brasileira. E esta totalidade é produto da unidade na diversidade, logo, síntese de múltiplas determinações. A ele cabe a tarefa de ensinar os conceitos elementares da geografia, economia, política, sociologia, antropologia, e outras ciências humanas e da natureza: geologia, geomorfologia, climatologia, astronomia etc.

E a transmissão/formação desses conceitos passa necessariamente pela questão ideológica, da ideologia de classe que ele, professor, professa. Esta ideologia é que dá parâmetros para a definição e escolha da geografia que ele ensina. Nos dias de hoje só tem havido lugar para duas grandes vertentes ideológicas no ensino da geografia. Ensinar uma geografia neutra, sem cor e sem odor. Uma geografia que cria desde o início trabalhadores, ainda que crianças, ordeiros para o capital.

Ou ensinar uma geografia crítica, que forme criticamente a criança, voltada, portanto, para seu desenvolvimento e sua formação como cidadão.

Uma geografia preocupada desde cedo com o papel que estas crianças/ trabalhadores terão no futuro deste país. Uma geografia que possibilite às crianças, no processo de amadurecimento físico e intelectual, irem formando/criando um universo crítico que lhes permita se posicionar em relação ao futuro, que lhes permita finalmente construir o futuro.

E certamente, para quem quer transformar a realidade presente, esta é a escola, a educação e a geografia que queremos.

Porque senão, nós professores e particularmente os de geografia, vamos ter que concordar com os sábios posseiros em luta do Bico do Papagaio:

"Geografia a gente aprende no pé..."